일러두기

- 초등학교 최신 교육 과정에 준하여 주제를 선정하였습니다.
- 각 학년 교과서를 철저히 분석하여 중요한 핵심 어휘만 뽑았습니다.
- 전 학년에서 배우거나 선행 학습한 단어는 해당 학년 수준에 알맞게 속뜻 풀이와 설명에 깊이를 더했습니다.
- 본 책에 제시한 한자의 뜻은 한자의 여러 가지 뜻 중 속뜻 풀이에 적합한 뜻을 택하였습니다.
- '한자, 꼬리에 꼬리를 물고'에 나오는 단어의 속뜻은 부록에 제시하였습니다.
- '과목별 찾아보기·가나다 찾아보기'는 가나다순으로 정리하였습니다.
- 띄어쓰기는 국립국어원의 어문 규정을 따랐습니다.

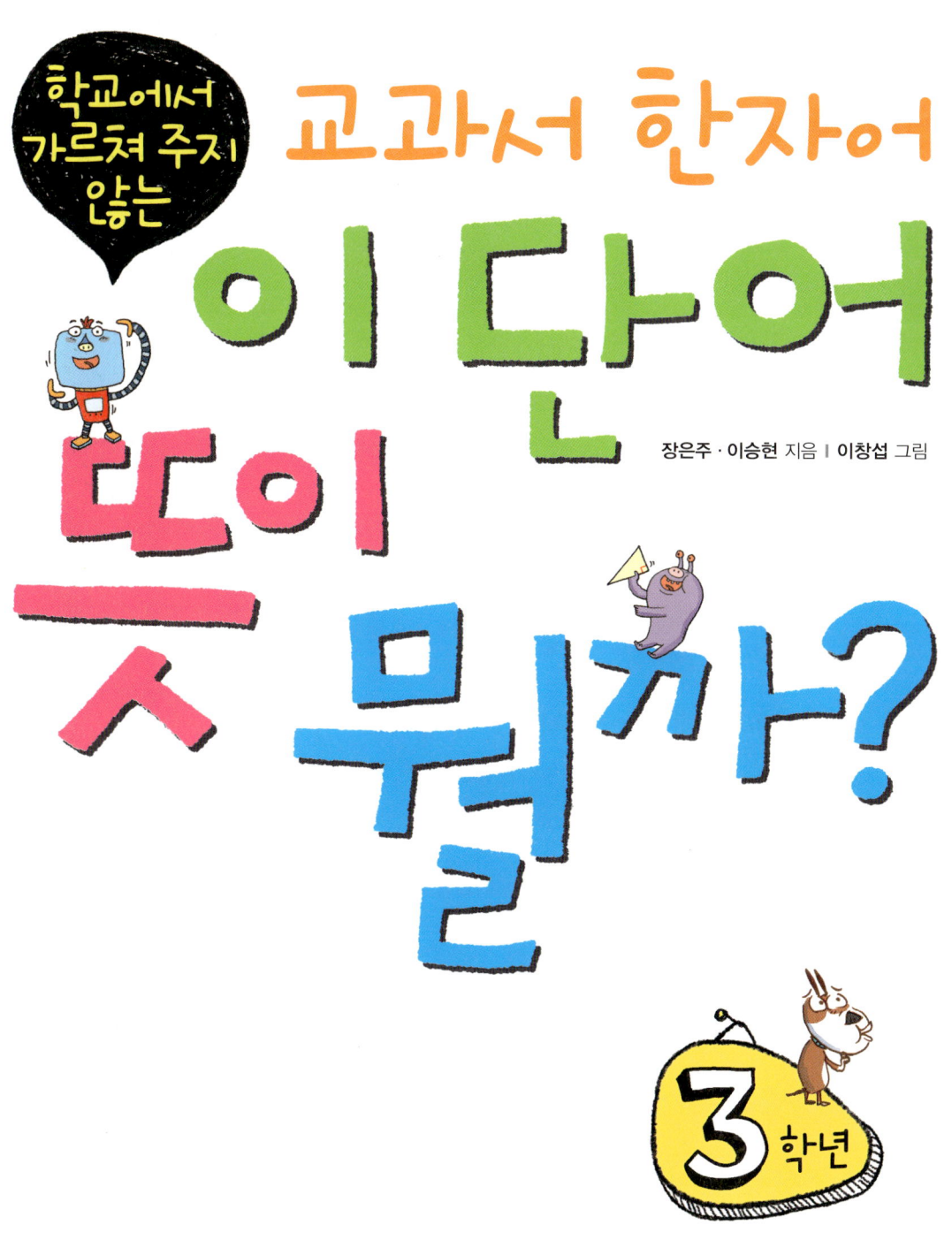

학교에서 가르쳐 주지 않는

교과서 한자어

이 단어 뜻이 뭘까?

장은주 · 이승현 지음 | 이창섭 그림

3학년

다락원

이 책이 필요한 진짜 이유

"선생님, 양서류가 무슨 뜻이에요?"

"사전에는 '양서강의 동물을 통틀어 이르는 말. 어류와 파충류의 중간으로, 땅 위 또는 물속에서 산다.'는대⋯."

"양서강? 파충류? 선생님 도대체 이게 무슨 말이에요?"

"호호호! 이 책에 그 답이 있단다."

"어휘력의 차이? 원인은 한자어!"

학습량이 급격히 많아지는 3학년, 아이들에게 모르는 단어는 사전을 찾아보게 하지만 여전히 모르겠다는 얼굴이지요. 왜 단어를 이해하지 못할까요? 사전은 단어를 이론적으로만 설명했기 때문이에요. 10여 년이 넘는 교사 생활을 통해 그 원인이 '한자어', '어휘'에 있다는 사실을 알게 되었죠.

"한자 공부는 그만, 속뜻 알기가 우선이다."

단어의 뜻을 이해하지 못하면 개념도 이해하기 어려워요. 결국, 학년이 올라가면 갈수록 수업을 따라가기조차 어려워집니다. 아이들이 교과서를 어렵게 느끼는 이유는 한자어가 많기 때문이에요. 그렇다면 천자문만 달달 왼다고 어휘력이 늘어날까요? 가장 중요한 것은 한자를 아는 것이 아니라 단어의 속뜻을 아는 것이죠. 보세요, 양서류를 '폐와 피부로 숨 쉬며 땅과 물 두[兩] 곳에서 사는[棲] 동물의 무리[類]'라고 말하면 이해 못 할 단어는 없지요.

"교과서 단어 공부 = 교과 개념 공부"

단어의 뜻을 꼼꼼히 짚고 넘어가는 것이 단지 단어의 의미만 아는 것은 아닙니다. 단어의 속뜻을 이해하면 교과에서 중요하게 다루는 개념도 자연스레 이해할 수 있지요. 특히 초등학교 때부터 단어를 꼼꼼히 알아 두면 중학교·고등학교에서 배우는 개념들도 훨씬 쉬워지지요.

"초3병을 이기고 신 나는 단어의 세계로~"

이 책은 최신 교육 과정을 바탕으로 교과서에서 꼭 필요한 단어들을 선별하여 구성하였어요. 아이들이 스스로 읽으며 자연스레 단어를 익힐 수 있도록 설계하였지요. 억지로 외우는 것이 아니라 이해하며 익히기 때문에 훨씬 더 머릿속에 오래 남아요. 저학년에서 고학년으로 가는 중요한 시기 3학년, 학생들이 어려운 단어에 포기하지 않고 즐겁게 공부할 수 있도록 이 책이 도움되면 좋겠습니다.

장은주·이승현

이 책은 이렇게 되어 있어요.

한눈에 쏘옥~ 주제 파악하기
교과서에서 꼭 알아야 할 주제만 쏙쏙 뽑았지요. 어떤 내용을 만날지 한눈에 알 수 있다고요. 자, 이제 재미있는 만화까지 읽었으면 단어 공부 준비 완료!

이야기를 따라 단어의 속뜻이 술술!
이야기를 따라 재미있게 읽다 보면 어렵던 교과서 한자어가 식은 죽 먹기! 과목 공부도 덩달아 되니 이제 성적 오르는 건 시간문제지요.

참고 자료
더 궁금하고 재미있는 이야기가 와르르~

단어 카드
단어 카드를 보며 한자 하나하나 뜻풀이하면 어느새 속뜻이 술술~ 이해가 팍팍!
우와~ 개념이 보인다!

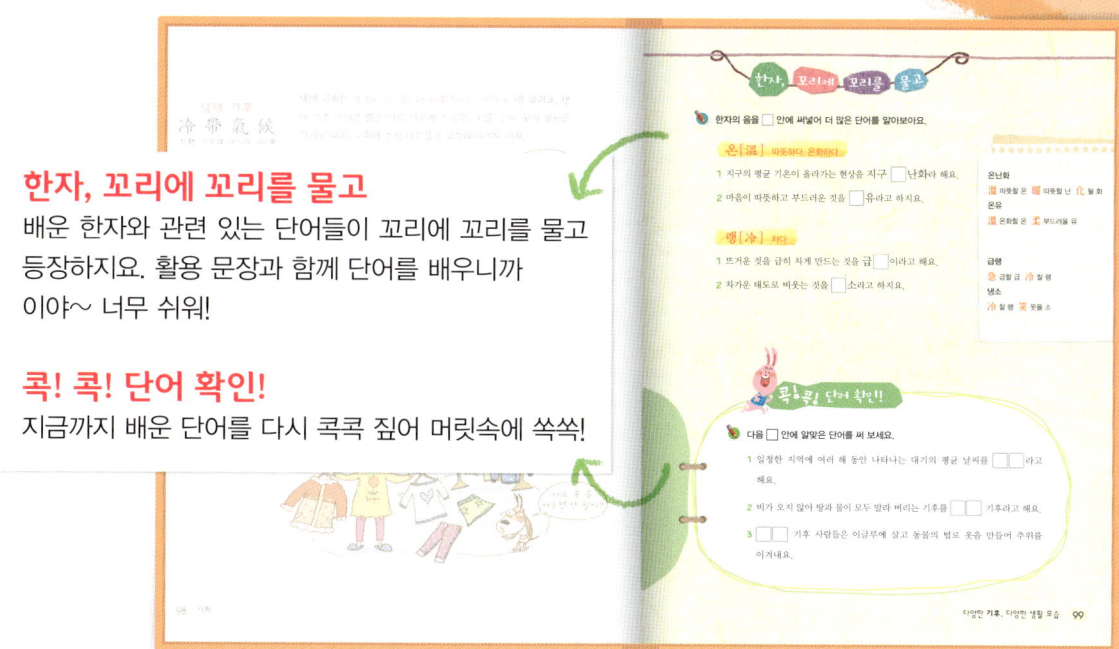

한자, 꼬리에 꼬리를 물고
배운 한자와 관련 있는 단어들이 꼬리에 꼬리를 물고 등장하지요. 활용 문장과 함께 단어를 배우니까 이야~ 너무 쉬워!

콕! 콕! 단어 확인!
지금까지 배운 단어를 다시 콕콕 짚어 머릿속에 쏙쏙!

단어 속뜻과 정답
잠깐! '한자, 꼬리에 꼬리를 물고'에 나오는 단어의 속뜻도 궁금하다고요? 부록에 단어의 속뜻과 정답이 있으니 걱정하지 마세요!

휘리릭 재빨리 단어 찾아보기
갑자기 교과서에서 어려운 한자어를 만났다면? 과목별 찾아보기, 가나다 찾아보기로 1초 만에 단어를 찾아볼 수 있어요.

차례

이 책의 순서는 이래요.

콕! 찍어 주는 **국어** 속 한자어

예부터 전해 오는 동화, 전래 동화 ……… 12
문학, 문학 작품, 아동 문학, 전래 동화, 등장인물, 배경

중심이 되는 문제, 주제 ……… 16
주제, 문단, 내용, 중심 내용, 세부 내용

실제로 있었던 일, 사실 ……… 20
사실, 의견, 설명문, 전기문, 보고문, 기사문

방법을 밝혀 말하는 책, 설명서 ……… 24
설명서, 안내문, 독서 감상문

담담하게 풀어쓴 문장, 평서문 ……… 28
문장, 평서문, 의문문, 감탄문, 권유문, 명령문

어울려 쓰는 말, 호응 ……… 32
호응, 원인, 결과, 가정, 부정, 접속사

평범한 사람들의 말, 속담 ……… 36
속담, 교훈, 훈화, 경청, 언행일치

맑은 목소리로 읊어요, 낭송 ……… 40
낭송, 감상, 해설자, 장면

같은 소리 다른 뜻, 동음이의어 ……… 44
동음이의어, 한자어, 외래어, 고유어, 외국어, 관용구

콕! 찍어 주는 수학 속 한자어

헤아려 셈하지요, 계산 50
계산, 필산, 암산, 검산, 혼합 계산, 환산

뿔처럼 생긴 모서리, 각 54
각, 변, 직각, 직각 삼각형, 직사각형, 정사각형, 평면 도형

각의 벌어진 정도, 각도 58
각도, 각도기, 내각, 외각

선의 한 부분, 선분 62
선분, 직선, 대각선

수를 나누자, 분수 66
분수, 분자, 분모

시각과 시각 사이, 시간 70
시각, 시간, 시계, 시침, 분침, 초침

둥글게 둥글게, 원 74
원, 중심, 직경, 반경

견주어 살펴보는 것, 비교 78
비교, 등호, 부등호, 등식, 부등식

1보다 작은 수, 소수 82
소수, 소수점, 통계표, 도표

콕! 찍어 주는 사회 속 한자어

땅을 그린 그림, 지도 ········· 88
지도, 방위, 사방위, 방위표, 나침반, 기호

다양한 지형, 다양한 생활 모습 ········· 92
지형, 고원, 초원, 평원, 하천, 수상 가옥

다양한 기후, 다양한 생활 모습 ········· 96
기후, 건조 기후, 열대 기후, 한대 기후, 냉대 기후, 온대 기후

나고 만든 물건, 생산물 ········· 100
생산물, 농촌, 농산물, 산촌, 임산물, 축산물, 어촌, 해산물, 교류

꾸준히 하는 일, 직업 ········· 104
직업, 인문 환경, 농업, 임업, 어업, 제조업, 운수업, 판매업

여럿이 함께 쓰는 곳, 공공장소 ········· 108
공공장소, 공중도덕, 공공 기관, 중심지

옛사람이 남긴 물건, 유물 ········· 112
유물, 유적, 답사, 유래, 지명

입고 먹고 자요, 의식주 ········· 116
생활, 의식주, 한복, 양복, 한식, 양식, 한옥, 양옥

문화의 보물, 문화재 ········· 120
문화재, 유형 문화재, 무형 문화재, 기념물, 민속자료, 문화유산

움직여 옮겨 다녀요, 이동 ········· 124
이동, 교통수단, 육상 교통, 대중교통, 해상 교통, 항공 교통

우리나라의 예절, 전통 의례 ········· 128
전통 의례, 관례, 혼례, 상례, 장례, 제례

해마다 지키는 이름난 날, 명절 ········· 132
명절, 원일, 추석, 단오, 한식

콕! 찍어 주는 과학 속 한자어

물체를 이루는 본바탕, 물질 · · · · · · · · · 138
물체, 물질, 고체, 액체, 기체

자석의 힘, 자기력 · · · · · · · · · · · · · · · · · 142
자석의 극, 자기력, 자기장, 자화

차갑고 따뜻한 정도, 온도 · · · · · · · · · · 146
온도, 기온, 영상, 영하, 해풍, 육풍

비의 양을 재는 그릇, 측우기 · · · · · · · · 150
측우기, 강우량, 우량계, 강수량, 홍수

대기의 모습, 기상 · · · · · · · · · · · · · · · · · 154
기상, 기상대, 기상청, 일기 예보, 기후

비어 있는 듯 가득 찬 기체, 공기 · · · · · 158
공기, 진공, 대기

들에서 사는 동물, 야생 동물 · · · · · · · · 162
동물, 애완동물, 야생 동물, 서식지, 적응

나누어 떨어져라, 분리 · · · · · · · · · · · · · 166
혼합물, 분리, 분류, 증발, 가열

빛의 시작점, 광원 · · · · · · · · · · · · · · · · 170
광원, 태양, 전등, 백열등, 형광등

안이 잘 보여요, 투명 · · · · · · · · · · · · · · 174
투명, 불투명, 반투명, 조명

부록

단어 속뜻과 정답 · · · · · · · · · · · · · · · · · 180
과목별 찾아보기 · · · · · · · · · · · · · · · · · 190
가나다 찾아보기 · · · · · · · · · · · · · · · · · 193

예부터 전해 오는 동화, **전래 동화**   12

중심이 되는 문제, **주제**   16

실제로 있었던 일, **사실**   20

방법을 밝혀 말하는 책, **설명서**   24

담담하게 풀어쓴 문장, **평서문**   28

어울려 쓰는 말, **호응**   32

평범한 사람들의 말, **속담**   36

맑은 목소리로 읊어요, **낭송**   40

같은 소리 다른 뜻, **동음이의어**   44

전래 동화의 특징

예부터 전해 오는 동화, 전래 동화

문학
文 學
글 문 · 배울 학

문학 작품
文 學 作 品
글 문 · 배울 학 · 지을 작 · 물건 품

숫자에 관한 학문을 수학이라고 하듯이 글[文]에 관한 학문[學]을 문학이라고 해요. 시, 소설, 동화 등 글로 적은 것들을 통틀어 문학이라고 말하지요. 문학 작품은 작가의 생각과 느낌을 글[文學]로 표현한 작품[作品]을 말해요.

다양한 문학 중 어린이[兒童]들이 보는 문학[文學]을 아동 문학이라고 해요. 어른들이 어린이들을 위해서 지은 동시, 동화, 아동극 등을 이야기한답니다.

아동 문학
兒童文學
아이 아 아이 동 글 문 배울 학

예부터 지금까지 전해[傳] 오는[來] 이야기 중 어린이[童]를 위한 이야기[話]를 전래 동화라고 해요. 『흥부와 놀부』, 『나무꾼과 선녀』, 『혹부리 영감』, 『토끼와 거북이』……. 와~ 너무 많아서 다 적기도 어렵네요! 전래 동화를 읽으면 우리 조상의 삶을 엿볼 수 있고, 생각과 감정도 이해할 수 있어요. 또 삶을 살아가는 지혜와 교훈도 얻을 수 있답니다.

전래 동화
傳來童話
전할 전 올 래 아이 동 이야기 화

예부터 전해 오는 동화, **전래 동화**

등장인물
登場人物
오를 등 마당 장 사람 인 만물 물

전래 동화『심청전』에는 심청이와 심 봉사, 용왕님이 나오지요. 이렇게 글 속에 등장[登場]하는 사람[人物]을 등장인물이라고 해요. 등장이란 처음에 공연 배우가 무대에 올라가는 것을 말했어요. 하지만 점차 공연뿐만 아니라 영화, 소설, 드라마에도 이 말을 사용하기 시작했답니다.

배경
背景
뒤 배 경치 경

진래 동화 속에서 등장인물과 함께 중요한 것은 배경이에요. 배경은 이야기에서 인물 뒤[背]로 보이는 경치[景]를 말하지요. 예를 들어,『팥죽 할머니와 호랑이』에서 팥죽을 쑤는 '부엌'이 이 이야기의 배경이 된답니다. 배경을 통해 이야기의 상황을 더 잘 알 수 있어요.

한자, 꼬리에 꼬리를 물고

 한자의 음을 ☐ 안에 써넣어 더 많은 단어를 알아보아요.

전 [傳] 전하다

1. 나쁜 병을 다른 사람에게 옮기는 것을 ☐염이라고 해요.
2. 재능이나 지식을 전하여 받는 것을 ☐수라고 해요.

래 [來] 오다

1. 아직 오지 않은 때를 미☐라고 하지요.
2. 돈을 빌리거나 물건을 사고파는 것을 거☐라고 해요.

전염
傳 전할 전　染 물들일 염

전수
傳 전할 전　受 받을 수

미래
未 아닐 미　來 올 래

거래
去 갈 거　來 올 래

 다음 설명이 맞으면 ○, 틀리면 ✕에 표시해 보세요.

1. 글에 관한 학문을 문학이라고 해요. (○ , ✕)
2. 예부터 지금까지 전해 오는 이야기 중 어린이를 위한 이야기를 전래 동요라고 해요. (○ , ✕)

 다음 ☐ 안에 공통으로 들어갈 알맞은 단어를 써 보세요.

전래 동화 속에서 등장인물과 함께 중요한 것은 ☐☐이에요.

☐☐은 이야기에서 인물 뒤로 보이는 경치를 말하지요.

중심 내용과 세부 내용

"중심이 되는 문제, 주제

주제
主 題
주인 주　문제 제

주제는 두 가지 뜻이 있어요. 학급 회의에서 주제는 '가장 중심[主]이 되는 문제[題]나 제목'을 말해요. 예술 작품에서의 주제는 '작가가 나타내고자 하는 중심이 되는 생각'을 말하지요.

한 편의 글은 한 가지 주제를 가지고 여러 개의 문단으로 이루어지지요. 문단은 글[文]에서 하나로 묶여 구분[段] 지어지는 단락을 말해요. 여러 개의 문장이 모이면 한가지 내용을 담는 문단이 된답니다.

문단
文 段
글 문 구분 단

글

문장
　어느 날 신사임당은 잔칫집에 가서 한 가난한 부인을 만났다. 부인은 빌려 입은 새 치마가 국물에 얼룩져 근심하였다. 이때 신사임당은 부인에게 "부인, 그 치마를 벗어 주십시오."라고 말했다. 부인은 이상하게 생각했지만, 신사임당에게 치마를 벗어 주었다.

문단

　신사임당은 딱한 사정이 있는 부인을 위해 그림을 그리기 시작했고 어느새 얼룩졌던 국물 자국이 탐스러운 포도송이가 되었다. 신사임당은 "이 치마를 팔면 새 치마를 살 수 있을 것입니다."라고 말하며 치마를 건네주었다. 과연 시장에 치마를 파니 새 치마를 몇 벌이나 살 수 있었다.

문단

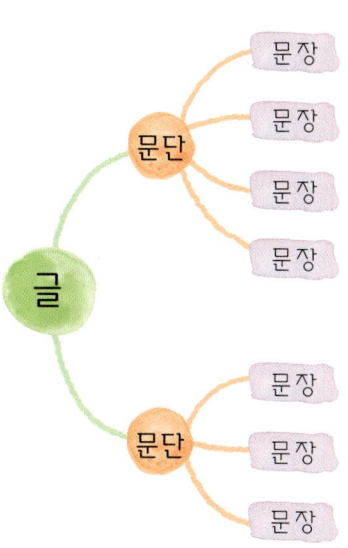

아! 문단에 이런 특징이?
1. 문단을 시작할 때는 한 글자를 들여 써요.
2. 문단이 끝나면 줄을 바꿔요.
3. 중심 문장은 처음이나 마지막에 주로 나타나지요.

내용은 글 안[内]에 담긴[容] 의미를 말하지요. 그래서 한 문단은 하나의 중심[中心]이 되는 내용[内容]을 담고 있답니다. 그것을 중심 내용이라고 하지요. 중심 내용은 문단을 대표하는 내용으로 문단의 첫 문장이나 끝 문장에 주로 나타나지요. 중심 문장은 중심 내용을 확실하고 간결하게 표현한답니다.

내용
内 容
안 내 담을 용

중심 내용
中 心 内 容
가운데 중 마음 심 안 내 담을 용

중심이 되는 문제, 주제

세부 내용
細部內容
자세할 세 부분 부 안 내 담을 용

문단은 한 개의 중심 문장과 여러 개의 뒷받침 문장으로 이루어져요. 뒷받침 문장은 중심 문장의 근거가 되는 알맞은 이유나 구체적인 자료를 들어 읽는 사람이 충분히 이해할 수 있도록 자세히 써야 해요. 이렇게 중심 내용을 자세히[細] 부분[部]으로 나누어 설명하는 내용[內容]을 세부 내용이라고 합니다. 세부 내용은 중심 내용을 뒷받침하거나 예를 들어 설명하지요.

중심 내용과 세부 내용을 구별하면 글을 잘 이해할 수 있어요.

중심 문장: 개의 생김새는 여러 가지입니다.

송아지만 하여 보기만 해도 겁이 나는 개가 있고, 고양이보다 작아서 무척 귀여운 개도 있습니다. 또, 주둥이가 긴 개도 있고 짧은 개도 있습니다. 귀를 쫑긋 세우고 꼬리를 위로 말아 올려 늠름하게 보이는 개가 있는가 하면, 귀가 커서 축 늘어진 개도 있습니다.

뒷받침 문장

한자, 꼬리에 꼬리를 물고

 한자의 음을 ☐ 안에 써넣어 더 많은 단어를 알아보아요.

세 [細] 가늘다, 자세하다

1 생물을 구성하는 가장 작은 단위를 ☐포 라고 해요.

2 아주 작은 부분까지 분명한 것을 자☐하다고 하지요.

부 [部] 부분

1 사람의 몸이나 물체의 안쪽 부분을 내☐라고 해요.

2 기계의 한 부분에 사용되는 물품을 ☐품이라고 하지요.

세포
細 가늘 세 胞 세포 포

자세
仔 자세할 자 細 자세할 세

내부
內 안 내 部 부분 부

부품
部 부분 부 品 물건 품

콕콕! 단어 확인!

 다음 ☐ 안에 알맞은 단어를 써 보세요.

1 가장 중심이 되는 문제나 제목을 ☐☐라고 해요.

2 글에서 하나로 묶여 구분 지어지는 단락을 ☐☐이라고 해요.

3 ☐☐은 글 안에 담긴 의미를 말해요.

4 ☐☐☐은 중심 내용을 자세히 부분으로 나누어 설명하는 내용이지요.

중심이 되는 문제, 주제

사실을 바탕으로 하는 글

실제로 있었던 일, 사실

사실
事 實
일 사 진실 실

실제로[實] 있었던 일[事]이나 현재 일어난 일을 사실이라고 해요. 사실을 바탕으로 하는 글에는 설명문, 전기문, 보고문, 기사문 등이 있지요.

의견
意 見
뜻 의 생각 견

사실을 바탕으로 하는 글은 생각이나 의견보다 사실 위주로 글을 써야 해요. 의견은 사실에 대한 자신의 뜻[意]과 생각[見]을 말하지요.

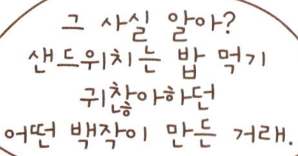

그럼 사실을 바탕으로 하는 글을 하나하나 알아볼까요? 설명문은 어떤 사물의 사실을 분명하게 밝혀[明] 말한[說] 글[文]이에요. 예를 들어, 개미에 관한 설명문을 쓸 때 개미의 생김새와 특징, 개미의 생활 방식 등을 알기 쉽게 풀어쓰지요.

설명문
說明文
말 설 밝을 명 글 문

전기문은 위대한 업적을 남긴 훌륭한 사람의 일생을 전하여[傳] 기록한[記] 글[文]이에요. 사실에 바탕을 두고 인물의 업적이나 활동 등을 기록하지요. 전기문을 통해서 그 시대의 상황이나 생활 등도 알 수 있답니다. 더욱이 실제 있었던 일을 기록한 글이어서 우리에게 큰 감동을 전해 주지요.

전기문
傳記文
전할 전 기록할 기 글 문

보고문
報告文
알릴 보 알릴 고 글 문

보고문은 어떤 일에 대한 내용을 조사하고 연구하여 분명하고 자세히 알리기[報告] 위해 쓴 글[文]이랍니다. 보고문에는 목적에 따라 관찰 보고문, 실험 보고문, 답사 보고문 등 여러 가지가 있어요. 보고서를 쓸 때는 있는 사실 그대로를 전달하고 간단히 자신의 느낀 점을 적지요.

기사문
記事文
기록할 기 일 사 글 문

기사문은 주로 신문이나 방송에서 많이 쓰지요. 다양한 곳에서 일어난 일[事]을 기록하여[記] 많은 사람에게 전달하는 글[文]이에요. 그래서 기사문을 쓸 때에는 '누가, 언제, 어디서, 무엇을, 어떻게, 왜'라는 육하원칙에 맞게 글을 써야 하지요.

한자, 꼬리에 꼬리를 물고

✏️ 한자의 음을 ☐ 안에 써넣어 더 많은 단어를 알아보아요.

보 [報] 알리다

1 널리 알리는 것을 홍☐라고 하지요.

2 앞으로의 일을 예상하여 알리는 것을 예☐라고 해요.

홍보
弘 넓을 홍 報 알릴 보

예보
豫 미리 예 報 알릴 보

고 [告] 알리다

1 어떤 것을 경계하라고 알리는 것을 경☐라고 해요.

2 숨겼던 일을 솔직하게 말하는 것을 ☐백이라고 해요.

경고
警 경계할 경 告 알릴 고

고백
告 알릴 고 白 말할 백

콕! 콕! 단어 확인!

✏️ 다음 ☐ 안에 알맞은 말을 써넣어 단어를 완성해 보세요.

1 ☐견: 사실에 대한 자신의 뜻과 생각

2 ☐☐문: 어떤 사물이나 사건의 사실을 분명하게 밝혀 말한 글

3 ☐☐문: 위대한 업적을 남긴 훌륭한 사람의 일생을 전하여 기록한 글

✏️ 다음 중 사실을 바탕으로 한 글이 아닌 것을 모두 골라 보세요.

| 기사문 | 설명문 | 소설 | 보고문 | 시 | 동화 |

생활 주변의 글

방법을 밝혀 말하는 책, 설명서

설명서
說 明 書
말 설 밝을 명 책 서

동화책이나 시에서만 글을 볼 수 있는 게 아니라 우리 주변에도 많은 글이 존재한답니다. 물건을 사면 꼭 물건과 함께 설명서가 들어 있지요? 설명서는 물건의 사용 방법과 주의 사항을 밝혀[明] 말하는 [說] 책[書]이에요. 제품을 사용하는 방법이 차례대로 적혀 있어서 그것만 보면 어떻게 작동하는지 단번에 알 수 있어요.

24 국어

설명서는 제품의 특징이나 사용 방법, 주의 사항 등 모르는 것을 알려 주는 글이고, 안내문은 모르는 내용[內]을 사람들에게 소개하고 인도하는[案] 글[文]이에요. 안내문을 쓸 때 특히 그림이나 사진을 넣어 설명하면 읽는 이가 쉽게 알 수 있지요.

안내문
案 內 文
인도할 안 내용 내 글 문

안내문은 놀이공원이나 지하철, 유적지, 박물관 등 다양한 곳에서 우리가 모르는 사실을 친절히 알려 준답니다. 안내문에는 다양한 정보가 많이 있으니 꼭 주의 깊게 보고, 중요한 내용은 메모해야 필요한 정보를 놓치지 않을 수 있답니다.

독서 감상문
讀書感想文
읽을 독 책 서 느낄 감 생각할 상 글 문

우리에게 가장 친숙한 글은 일기와 독서 감상문이지요. 독서 감상문은 책[書]을 읽고[讀] 느낀[感] 생각[想]을 쓴 글[文]이에요. 일정한 형식이 없어서 시, 만화, 편지 등으로 자유롭게 글을 쓴답니다. 독서 감상문을 쓰면 책을 읽고 나서 내 생각을 정리할 수 있어요. 또한, 다른 사람이 쓴 독서 감상문을 읽으면 책의 내용을 간단히 알 수 있고, 그 책을 읽은 사람의 생각도 알 수 있지요.

한자, 꼬리에 꼬리를 물고

✏️ 한자의 음을 ☐ 안에 써넣어 더 많은 단어를 알아보아요.

설[說] 말, 말하다

1 여러 사람 앞에서 자기의 주장을 펴는 말을 연☐이라고 하지요.

2 뜻을 알기 쉽게 풀어 말하는 것을 해☐이라고 해요.

명[明] 밝다

1 가을 하늘은 구름 한 점 없이 청☐하지요.

2 마음이 어질고 밝은 것을 현☐하다고 해요.

연설
演 펼 연   說 말 설

해설
解 풀 해   說 말할 설

청명
淸 맑을 청   明 밝을 명

현명
賢 어질 현   明 밝을 명

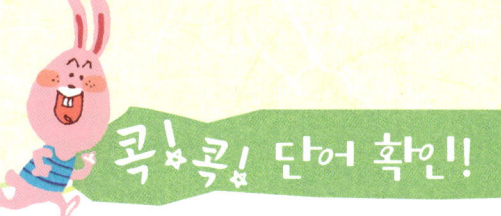

콕! 콕! 단어 확인!

✏️ 다음 설명의 알맞은 단어에 ◯ 해 보세요.

1 물건의 사용 방법과 주의 사항을 밝혀 말하는 책을 (설명서/안내문)(이)라고 해요.

2 (안내문/기사문)은 놀이공원이나 지하철, 유적지, 박물관 등 다양한 곳에서 우리가 모르는 사실을 친절히 알려 줘요.

3 책을 읽고 느낀 생각을 쓴 글을 (독서 감상문/일기)(이)라고 하지요.

방법을 밝혀 말하는 책, 설명서

문장의 종류

담담하게 풀어쓴 문장, 평서문

문장
文 章
글 문 글 장

자기의 생각을 전할 때에는 올바른 문장을 사용해야 해요. 내 생각이나 느낌을 글자[文]로 적은 글[章]을 문장이라고 하지요. 문장은 의미에 따라 여러 종류로 나뉘는데 하나하나 알아보아요.

평서문
平 敍 文
평평할 평 펼 서 글 문

'나는 학생이다.', '하얀 눈이 내렸다.'와 같은 문장을 평서문이라고 해요. 평서문은 사실을 설명하거나 풀이할 때 담담하게[平] 풀어쓴[敍] 문장[文]이에요. 평서문 끝에는 꼭 온점[.]을 찍어요.

의문문은 의심나는[疑] 것을 묻는[問] 문장[文]이에요. '오늘 지각한 사람이 누구지?', '밖에 비가 오니?'처럼 상대방에게 대답을 요구하는 문장이지요. 의문문의 끝에는 물음표[?]를 쓴답니다.

의문문
疑 問 文
의심할 의 물을 문 글 문

예쁜 꽃을 보면 '와! 꽃이 아름답구나!'하고 저절로 탄성이 나오지요? 기쁘거나 슬프거나 놀랄 때 느껴지는[感] 탄성[歎]을 적은 문장[文]을 감탄문이라고 합니다. 감탄문의 끝에는 느낌을 살리려고 느낌표[!]를 사용해요.

감탄문
感 歎 文
느낄 감 탄식할 탄 글 문

다른 사람과 함께 어떤 일을 하고 싶을 때 어떻게 말하나요? '우리 도서관에 같이 가자.' 혹은 '급식실에서는 조용히 하고 차례를 지킵시다.'와 같이 '~하자', '~합시다'라는 표현을 써요. 이렇게 어떤 일을 같이하자고 꾀어[誘] 권하는[勸] 문장[文]을 권유문이라고 해요. 권유문 끝에는 온점[.]이나 느낌표[!]를 쓴답니다.

권유문
勸 誘 文
권할 권 꾈 유 글 문

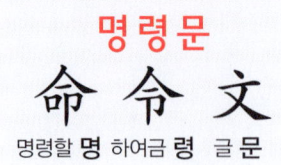

명령문 命令文
명령할 **명** 하여금 **령** 글 **문**

부모님께서 우리에게 심부름을 시킬 때 어떤 표현을 사용하나요? '우유 좀 사오너라.', '손 씻고 저녁 먹어라.'처럼 '~해라', '~해'라는 말로 말을 끝맺습니다. 이렇게 윗사람이 아랫사람에게 무엇을 하도록[令] 시키는[命] 문장[文]을 명령문이라고 해요. 명령문 끝에는 온점[.]을 쓰지요.

우리는 여러 가지 문장의 종류를 살펴보았어요. 자신의 생각을 잘 전달하려면 알맞은 문장을 선택해서 사용해야 하지요. 또한, 같은 생각을 여러 가지 문장으로 나타낼 수도 있답니다.

평서문	너도 같이 먹으면 좋겠어.
의문문	너도 같이 먹을래?
권유문	너도 같이 먹자.
명령문	너도 먹어라.

한자, 꼬리에 꼬리를 물고

✏️ 한자의 음을 ☐ 안에 써넣어 더 많은 단어를 알아보아요.

의 [疑] 의심하다

1 믿지 못하는 마음을 ☐심 이라고 하지요.
2 범죄를 저질렀다고 드는 의심을 혐☐ 라고 해요.

문 [問] 묻다

1 웃어른에게 안부를 여쭤 보는 것을 ☐안 이라고 하지요.
2 서로 묻고 대답하는 것을 ☐답 이라고 해요.

의심
疑 의심할 의 心 마음 심

혐의
嫌 의심할 혐 疑 의심할 의

문안
問 물을 문 安 편안할 안

문답
問 물을 문 答 대답할 답

콕콕! 단어 확인!

✏️ 다음 ☐ 안에 알맞은 단어를 써 보세요.

1 사실을 설명하거나 풀이할 때 담담하게 풀어쓴 문장을 ☐☐☐ 이라 해요.

2 어떤 일을 같이하자고 꾀어 권하는 문장을 ☐☐☐ 이라 해요.

✏️ 다음 문장을 읽고 ( ) 안에 알맞은 문장의 종류를 써 보세요.

1 그동안 잘 지냈니?   (   )

2 이 꽃은 참 예쁘구나!   (   )

담담하게 풀어쓴 문장, **평서문**

호응하는 말

어울려 쓰는 말, 호응

호응
呼 應
부를 호 응할 응

어울려 쓰는 말을 잘 쓰면 내 뜻을 분명하게 전달할 수 있고 자연스러운 말을 할 수 있답니다. 이렇게 어울려 쓰는 말을 호응이라고 해요. 호응은 '부름[呼]에 응답하다[應].'라는 뜻인데, 국어에서는 앞에 쓰는 말에 따라 적절한 뒷말을 사용하면 '문장이 서로 호응한다.'라고 해요.

다음 문장이 서로 호응하도록 연결해 보세요.

만일 내가 부자라면   고집이 세다.

동생은 황소처럼   어려운 사람을 도와줄 거야.

쥐 죽은 듯   조용하다.

어떤 일이 일어나게 된 근원[原]이 되는 까닭[因]을 원인이라고 하지요. 또 원인으로 맺은[結] 열매[果]를 결과라고 해요. 원인이 되는 일은 결과가 되는 일보다 항상 먼저 일어난답니다. 원인과 결과를 생각하며 말하면 쉽고 분명하게 표현할 수 있어요. 원인과 결과는 '그래서', '왜냐하면', '~때문에'와 같은 말로 서로 호응한답니다.

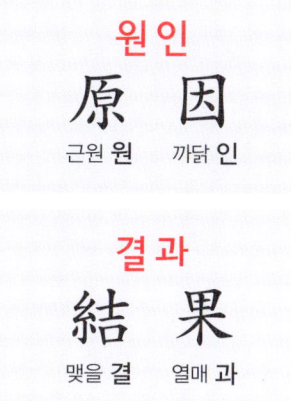

원인
原 因
근원 원 　까닭 인

예문 열심히 노력했기 때문에 올림픽에서 금메달을 딸 수 있었다.

결과
結 果
맺을 결 　열매 과

또, 어떤 상황을 미리 생각해서 이야기할 때가 있지요. 보통 '만일 ~라면', '만약 ~라면'이라는 표현을 많이 쓰는데, 이것을 가정이라고 해요. 가정은 임시로 거짓이지만[假] 상황을 정해[定] 생각해 보는 것이에요.

가정
假 定
거짓 가 　정할 정

예문 만약 내가 어른이라면 혼자 세계 일주 여행을 떠날 것이다.

어울려 쓰는 말, 호응

부정 否定
아닐 부 정할 정

부정의 뜻을 나타내는 문장도 있답니다. 부정이란 어떤 사실을 그렇다고 인정[定]하지 않는[否] 것이에요. '예쁘다'의 부정은 '예쁘지 않다'가 되고 '먹다'의 부정은 '먹지 않다'가 되지요? 이때 부정은 '전혀', '절대'라는 말과 호응한답니다.

예문: 나는 라면을 절대 먹지 않을 것이다.

접속사 接續詞
이을 접 이을 속 말 사

두 문장이 서로 자연스럽게 맞닿도록[接] 이어[續] 주는 말[詞]을 접속사라고 하지요. 문장을 쓸 때 앞 문장과 뒤 문장의 호응을 생각해서 '그리고', '또', '그래서', '하지만', '따라서' 등과 같은 접속사를 올바르게 선택해야 해요.

한자, 꼬리에 꼬리를 물고

✏️ 한자의 음을 ☐ 안에 써넣어 더 많은 단어를 알아보아요.

호 [呼] 부르다, 내쉬다

1. 선생님께서 ☐명한 학생들은 교실 앞으로 나갔어요.
2. 공기를 들이마시고 내쉬는 것을 ☐흡이라고 해요.

응 [應] 응하다

1. 주위 환경에 맞추어 변하는 것을 적☐이라고 해요.
2. 운동선수들이 힘을 낼 수 있도록 도와주는 것을 ☐원이라고 하지요.

호명
呼 부를 호 名 이름 명

호흡
呼 내쉴 호 吸 마실 흡

적응
適 맞을 적 應 응할 응

응원
應 응할 응 援 도울 원

콕콕! 단어 확인!

✏️ 다음 ☐ 안에 알맞은 단어를 써 보세요.

1. 어떤 일이 일어나게 된 근원이 되는 까닭을 ☐☐이라고 해요.
2. 두 문장이 서로 자연스럽게 맞닿도록 이어 주는 말을 ☐☐☐라고 해요.

✏️ 다음 문장이 서로 호응하도록 연결해 보세요.

엄마 품처럼　　◉　　　　◉ 훨훨 날아다닐 것이다.

내가 만약 새라면　◉　　　　◉ 포근하다.

교훈이 담긴 말

"평범한 사람들의 말, 속담"

속담
俗 談
풍속 속   말 담

'웃는 얼굴에 침 못 뱉는다.'라는 말은 좋게 대하는 사람에게 나쁘게 대할 수 없다는 우리나라 속담이에요. 속담이란 예부터 평범한[俗] 사람들 사이에 널리 퍼져 전해진 말[談]이랍니다.

공든 탑이 무너지랴.

쥐구멍에도 볕 들 날 있다.

속담은 복잡한 상황을 한마디로 짧게 표현할 수도 있어요. 또 교훈이 담겨 있어 올바르게 살아갈 수 있도록 길잡이가 된답니다. 교훈은 올바르게 행동하거나 생활하도록 해 주는 가르침[敎訓]을 말하지요.

교훈
敎 訓
가르칠 교 가르칠 훈

우리는 속담이 아니더라도 교훈이 담긴 말을 자주 들어요. 부모님과 선생님께서는 우리를 옳은 길로 인도하시려고 훈화를 자주 하시지요. 훈화는 바른길로 가도록 가르치는[訓] 말씀[話]이에요. 우리가 아름다운 마음을 가지고 바르게 행동하기를 바라는 어른들의 깊은 뜻이 담겨 있어요.

훈화
訓 話
가르칠 훈 말 화

경청
傾 聽
기울 경　들을 청

훈화를 들을 때는 어떻게 해야 할까요? 딴짓하지 않고 주의하며 경청해야지요. 경청은 주의를 기울여[傾] 자세히 잘 듣는[聽] 것이에요. 아무리 좋은 훈화라도 잘 듣지 않으면 그 속에 담긴 값진 교훈도 함께 들을 수 없겠지요.

언행일치
言 行 一 致
말 언　행할 행　하나 일　이를 치

좋은 훈화를 듣고 그 가르침을 잘 실천하는 것이 중요하답니다. 예로부터 좋은 말만 듣는 것보다 그 말을 실천했을 때 비로소 일이 완성된다고 하였답니다. 내가 한 말[言]과 한 행동[行]이 한[一] 곳으로 이르는[致] 것, 즉 말한 대로 행동하는 것을 언행일치라고 하죠.

한자, 꼬리에 꼬리를 물고

✏️ 한자의 음을 ☐ 안에 써넣어 더 많은 단어를 알아보아요.

언[言] 말

1 말로 다투는 것을 ☐쟁이라고 해요.

2 선생님께서는 나의 고민을 듣고 조☐을 해 주셨어요.

언쟁
言 말 언 爭 다툴 쟁

조언
助 도울 조 言 말 언

행[行] 가다, 행하다

1 일을 해 나아가는 것을 진☐이라고 하지요.

2 여러 사람이 모여 치르는 중요한 일을 ☐사라고 해요.

진행
進 나아갈 진 行 갈 행

행사
行 행할 행 事 일 사

콕콕! 단어 확인!

✏️ 다음 ☐ 안에 알맞은 단어를 써 보세요.

1 예부터 평범한 사람들 사이에 널리 퍼져 전해진 말을 ☐☐이라고 해요.

2 아침 조회 시간에 교장 선생님은 ☐☐를 들려주시기도 해요.

3 주의를 기울여 자세히 잘 듣는 것을 ☐☐이라고 해요.

4 말한 대로 행동하는 것을 ☐☐☐☐라고 하지요.

동시와 연극

맑은 목소리로 읊어요, 낭송

낭송
朗 誦
맑을 랑 욀 송

'동시 낭송 대회'가 뭘까요? 낭송은 시를 맑은소리[朗]로 읽거나 외우는[誦] 것을 말하지요. 그러니까 아름다운 동시를 맑고 고운 소리로 읽거나 외우는 대회라는 뜻입니다.

동시를 잘 낭송하려면
1. 시의 내용을 잘 이해하고 읽어야 해요.
2. 또박또박한 소리로 천천히 읽어야 해요.
3. 시에 어울리는 표정과 자세로 읽어야 해요.

다른 사람이 시를 낭송하면 우리는 그 시를 감상하지요. 예술 작품을 살펴보고[鑑] 즐기는[賞] 것을 감상이라고 해요. 감상은 동시뿐만 아니라 미술, 음악, 연극 등 다양한 예술 작품을 깊이 느끼고 즐기는 일을 말해요.

감상
鑑 賞
살펴볼 감 즐길 상

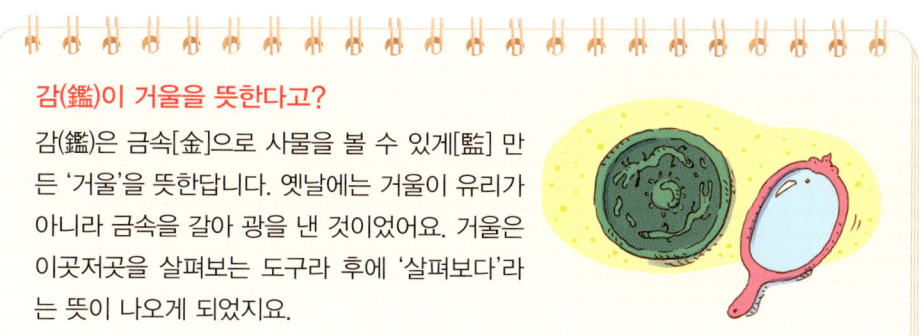

감(鑑)이 거울을 뜻한다고?
감(鑑)은 금속[金]으로 사물을 볼 수 있게[監] 만든 '거울'을 뜻한답니다. 옛날에는 거울이 유리가 아니라 금속을 갈아 광을 낸 것이었어요. 거울은 이곳저곳을 살펴보는 도구라 후에 '살펴보다'라는 뜻이 나오게 되었지요.

우리가 감상하는 예술 작품 중에는 연극도 있어요. 연극에는 해설자와 여러 등장인물이 나온답니다. 해설자는 사람들이 알기 쉽게 어떤 장면을 풀어[解] 말하는[說] 사람[者]을 말해요. 해설자의 설명을 들으면 그 장면이 쏙쏙 이해가 돼 긴장감이 높아지기도 하지요.

해설자
解 說 者
풀 해 말 설 사람 자

운동 경기를 중계할 때도 해설자가 나오지요!

장면 場面
장소 장 모습 면

장면은 어떤 장소[場]에서 벌어지는 사건이나 그 모습[面]을 말하지요. 책이나 시는 머릿속으로 장면을 상상하지만, 연극은 인상 깊은 장면을 직접 해 볼 수 있다는 점이 재미있는 것 같아요.

그림 『팥죽 할머니와 호랑이』에서 할머니와 호랑이가 처음 만나는 장면을 같이 한번 볼까요? 해설자의 설명도 잘 살펴가며 읽어 보세요.

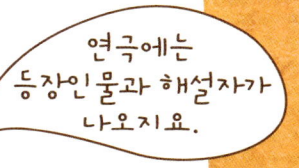
연극에는 등장인물과 해설자가 나오지요.
해설자의 설명을 들으니 연극이 더 잘 이해돼요.

<팥죽 할머니와 호랑이>

#1. 할머니와 호랑이의 첫 대면

등장인물: 해설자, 할머니, 호랑이, 알밤, 자라, 물찌똥, 송곳, 돌절구, 멍석, 지게

해설자: 옛날 어느 산골 마을에 팥죽 할머니가 살았어요. 맛난 팥죽을 잘도 끓여 팥죽 할머니지요. 그러던 어느 날, 팥죽 할머니가 팥을 심고 있을 때 커다란 호랑이가 나타났답니다.

할머니: 아이고 허리야~

호랑이: (큰 소리로) 어흥! 어흥!

할머니: 에구머니나~

호랑이: 어흥! 배고픈데 잘 됐군. 할멈을 잡아먹어야겠어!

할머니: 아이고, 호랑이야! 살려다오. 이 팥이 다 자라면 내가 맛있는 팥죽을 쑤어 줄 테니 그때 나를 잡아먹는 게 어떻겠니?

호랑이: 흠~ 그게 좋겠군.

한자, 꼬리에 꼬리를 물고

 한자의 음을 ☐ 안에 써넣어 더 많은 단어를 알아보아요.

해 [解] 풀다

1 ☐결은 복잡한 일을 풀어 잘 처리하는 것이에요.

2 어떤 문제를 풀어 놓은 답을 ☐답이라고 해요.

설 [說] 말

1 맹자는 누구나 성품이 착하게 태어난다는 성선 ☐을 주장했지요.

2 ☐득은 말로 다른 사람의 마음을 얻는 것이에요.

해결
解 풀 해 決 판단할 결

해답
解 풀 해 答 대답할 답

성선설
性 성품 성 善 착할 선 說 말 설

설득
說 말 설 得 얻을 득

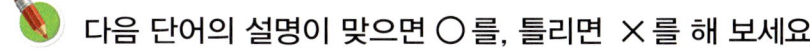

다음 단어의 설명이 맞으면 ○를, 틀리면 ×를 해 보세요.

1 낭독: 시를 맑은소리로 읽거나 외우는 것 (   )

2 감상: 예술 작품을 살펴보고 즐기는 것 (   )

3 장면: 사람들이 알기 쉽게 어떤 장면을 풀어 말하는 사람 (   )

4 해설자: 어떤 장소에서 벌어지는 사건이나 그 모습 (   )

우리말을 이루는 말

같은 소리 다른 뜻, 동음이의어

동음이의어

同 音 異 義 語
같을동 소리음 다를이 뜻의 말어

우리말에는 소리[音]는 같지만[同], 뜻[意]이 다른[異] 말[語]이 많이 있어요. 이것을 동음이의어라고 하지요. 동음이의어는 말의 앞뒤 상황을 통해 그 뜻을 구별할 수 있답니다.

사람의 배

과일인 배

교통수단인 배

우리말의 70%는 한자어로 이루어져 있어요. 한자어는 한자[漢字]로 이루어진 말[語]이에요. 한자는 한 글자에 다양한 뜻이 있어 우리말을 짧고 간편하게 해 주지요.

한자어

漢字語

한나라 한 · 글자 자 · 말 어

요즘은 외래어도 많이 사용한답니다. 외래어는 외국[外] 말이 우리나라에 들어와[來] 우리말로 굳어져 쓰이는 말[語]이지요. 예를 들어 침팬지(chimpanzee)는 아프리카어, 토마토(tomato)는 영어, 소프라노(soprano)는 이탈리아어인데 우리나라에 들어와 그대로 쓰이고 있어요.

외래어

外來語

바깥 외 · 올 래 · 말 어

우리나라에 본래[固]부터 있던[有] 말[語]을 고유어라고 해요. 고유어는 토박이말이라고도 하고 순우리말이라고도 하지요. '아버지', '어머니', '하늘' 같은 말이 우리 고유어랍니다.

고유어

固有語

본디 고 · 있을 유 · 말 어

같은 소리 다른 뜻, **동음이의어**

외국어 外國語
바깥 외 나라 국 말 어

외래어와 혼동해서 쓰이는 말로 외국어가 있어요. 외국어는 다른[外] 나라[國]의 말[語]이에요. 아름다운 우리말이 있는데 외국어를 섞어 쓰는 것은 바람직하지 못 하답니다.

관용구 慣用句
습관 관 쓸 용 글귀 구

우리말은 다른 나라에 비해 관용구가 발달했어요. 관용구는 오랫동안 습관[慣]처럼 쓰여[用] 새로운 뜻을 가지는 글귀[句]를 말하지요. 예를 들어, '발이 넓다.'는 말은 진짜 발이 큰 것이 아니라 '아는 사람이 많다.'라는 뜻이랍니다.

한자, 꼬리에 꼬리를 물고

✏️ 한자의 음을 ☐ 안에 써넣어 더 많은 단어를 알아보아요.

외 [外] 바깥

1 외국에 머무르며 다른 나라와 교류하는 일을 맡아 하는 관리를 ☐교관이라고 해요.

2 일반적인 규칙이나 규정에서 벗어난 것을 예☐라고 하지요.

> 외교관
> 外 바깥 외 交 사귈 교 官 관리 관
> 예외
> 例 법식 례 外 바깥 외

래 [來] 오다

1 환경 오염은 지구 온난화를 초☐하지요.

2 서로 오가는 것을 왕☐라고 하지요.

> 초래
> 招 부를 초 來 올 래
> 왕래
> 往 갈 왕 來 올 래

콕콕! 단어 확인!

✏️ 다음 ☐ 안에 들어갈 알맞은 단어를 보기에서 골라 써 보세요.

| 보기 | 고유어 | 동음이의어 | 관용구 |

1 소리는 같지만, 뜻이 다른 말을 ☐☐☐☐☐라고 해요.

2 우리나라에 본래부터 있던 말을 ☐☐☐라고 해요.

3 ☐☐☐는 오랫동안 습관처럼 쓰여 새로운 뜻을 가지는 글귀를 말해요.

헤아려 셈하지요, **계산**	50
뿔처럼 생긴 모서리, **각**	54
각의 벌어진 정도, **각도**	58
선의 한 부분, **선분**	62
수를 나누자, **분수**	66
시각과 시각 사이, **시간**	70
둥글게 둥글게, **원**	74
견주어 살펴보는 것, **비교**	78
1보다 작은 수, **소수**	82

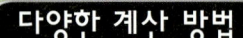

다양한 계산 방법

헤아려 셈하지요, 계산

계산

計　算
셀 계　셈할 산

계산의 계(計)는 '말[言]로 열[十]을 헤아린다.'라는 뜻으로 후에 '세다'라는 뜻을 갖게 되었지요. 산(算)은 대나무[竹]로 만든 산가지를 늘어놓고 두 손[廾]으로 주판[目]을 튕기며 셈하는 모습에서 따온 글자예요. 계산은 수와 양을 헤아려[計] 셈하거나[算] 식을 풀어 답을 구하는 일이지요.

수학 문제를 풀 때 연습장에 계산 과정을 써 가며 답을 구하지요? 연필[筆]로 계산 과정을 쓰며 셈하는[算] 방법을 필산이라고 합니다. 그런데 항상 종이에 써 가며 계산할 수는 없어요. 슈퍼마켓에 가서 물건을 사고 종이와 연필을 꺼내 계산하지는 않잖아요. 이렇게 연필로 쓰지 않고 머릿속으로 남몰래[暗] 셈하는[算] 방법을 암산이라고 한답니다.

필산
筆 算
붓 필 셈할 산

암산
暗 算
몰래 암 셈할 산

수학 문제를 다 풀고 계산을 잘했는지 살펴보려면 검산을 해야죠. 검산은 셈한 것이 맞았는지 다시 검사하여[檢] 셈하는[算] 방법이에요.

검산
檢 算
검사할 검 셈할 산

혼합 계산
混合計算
섞일 혼 · 합할 합 · 셀 계 · 셈할 산

어떤 식에서는 덧셈, 뺄셈, 곱셈, 나눗셈이 모두 섞여[混] 있어서 함께[合] 계산[計算]하기도 하지요. 이것을 혼합 계산이라고 합니다. 이때 괄호 안을 먼저 계산하고, 그다음 곱셈과 나눗셈, 덧셈과 뺄셈은 제일 나중에 계산하지요.

$$100 - \{(6+8) \div 2 + 2\} = 100 - (14 \div 2 + 2)$$
$$= 100 - (7 + 2)$$
$$= 100 - 9$$
$$= 91$$

환산
換算
바꿀 환 · 셈할 산

1cm가 100개 모이면 100cm가 되지요? 100cm는 1m와 똑같은 길이랍니다. 이렇게 어떤 단위를 다른 단위로 바꿔[換] 셈하는[算] 방법을 환산이라고 해요.

한자, 꼬리에 꼬리를 물고

 한자의 음을 □ 안에 써넣어 더 많은 단어를 알아보아요.

환[換] 바꾸다

1. 외국에 갈 때는 그 나랏돈으로 □전해야 하지요.
2. 탁한 공기를 맑은 공기로 바꾸는 것을 □기라 해요.

산[算] 셈하다

1. 합하여 계산하는 것을 합□이라 해요.
2. 덧셈, 뺄셈, 곱셈, 나눗셈의 규칙에 따라 셈하는 것을 사칙 연□이라 하지요.

환전
換 바꿀 환　錢 돈 전

환기
換 바꿀 환　氣 공기 기

합산
合 합할 합　算 셈할 산

사칙 연산
四 넷 사　則 법칙 칙
演 펼 연　算 셈할 산

콕!콕! 단어 확인!

 다음 설명의 알맞은 단어에 ○ 해 보세요.

1. 연필로 계산 과정을 쓰며 셈하는 방법을 (암산/필산)이라 해요.

2. 연필로 쓰지 않고 머릿속으로 남몰래 셈하는 방법을 (암산/필산)이라 해요.

3. 셈한 것이 맞았는지 다시 검사하여 셈하는 방법을 (검산/계산)이라 해요.

4. 어떤 단위를 다른 단위로 바꿔 셈하는 방법을 (계산/환산)이라 해요.

각과 평면 도형

뿔처럼 생긴 모서리, 각

각
角
뿔 각

선과 선이 만나거나 면과 면이 만나면 각이 생겨요. 각은 두 직선이 만나 짐승의 뿔[角]처럼 생긴 뾰족한 모서리를 말하지요.

변
邊
가장자리 변

이때 각을 만드는 가장자리[邊] 선분을 변이라고 하지요. 또 변이 서로 만나는 점을 꼭짓점이라고 해요. 따라서 각은 한 개의 꼭짓점을 사이에 둔 두 개의 변으로 이루어진답니다.

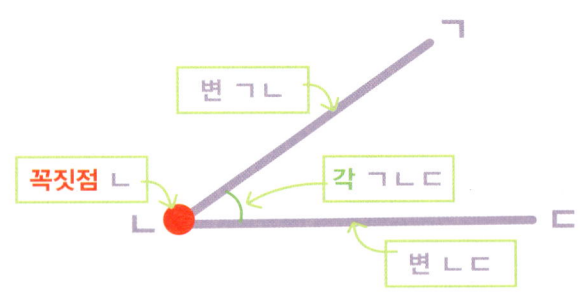

각은 벌어진 정도에 따라 여러 종류의 각이 있어요. 그중 두 직선이 수직[直]으로 만나서 이루는 각[角]을 직각이라고 하지요. 직각은 90°를 이루어요.

직각
直 角
곧을 직 각 각

삼각형은 세 각을 가지고 있지요. 그중 한 각이 직각[直角]인 삼각형[三角形]을 직각 삼각형이라고 합니다. 직각 삼각형 두 개를 합치면? 네 각이 모두 직각[直]인 사각형[四角形], 직사각형이 되지요. 직사각형은 마주 보는 변의 길이가 같아요.

직각 삼각형
直 角 三 角 形
곧을 직 각 각 셋 삼 각 각 모양 형

직사각형
直 四 角 形
곧을 직 넷 사 각 각 모양 형

뿔처럼 생긴 모서리, **각**

정사각형
正 四 角 形
바를 정 넷 사 각 각 모양 형

직사각형과 비슷한 다른 사각형이 하나 있지요. 그 이름은 정사각형! 정사각형은 직사각형과 마찬가지로 네 각이 모두 직각이에요. 하지만 마주 보는 변의 길이가 같은 직사각형과 달리 정사각형은 네 각의 크기와 네 변의 길이가 모두 같은 반듯한[正] 사각형[四角形]이랍니다.

평면 도형
平 面 圖 形
평평할 평 겉 면 그림 도 모양 형

삼각형, 사각형, 원처럼 점·선·면으로 이루어진 형태를 도형이라 해요. 평평한[平] 면[面]에 그려진 도형[圖形]은 평면 도형이지요.

56 수학

✏️ 한자의 음을 ☐ 안에 써넣어 더 많은 단어를 알아보아요.

평[平] 평평하다

1 평평하고 넓은 들을 ☐야라고 하지요.

2 바닷물과 하늘이 맞닿아 이루는 경계선을 수☐선이라고 해요.

평야
平 평평할 평 野 들 야

수평선
水 물 수 平 평평할 평 線 줄 선

면[面] 얼굴, 표면

1 얼굴을 마주 대하고 치르는 시험을 ☐접 시험이라고 해요.

2 표면의 넓이를 ☐적이라고 해요.

면접
面 얼굴 면 接 접할 접

면적
面 표면 면 積 넓이 적

✏️ 다음 ☐ 안에 알맞은 단어를 써 보세요.

1 두 직선이 만나 짐승의 뿔처럼 생긴 뾰족한 모서리를 ☐이라고 하지요.

2 두 직선이 수직으로 만나 이루는 각을 ☐☐이라고 해요.

✏️ 다음 평면 도형의 이름을 써 보세요.

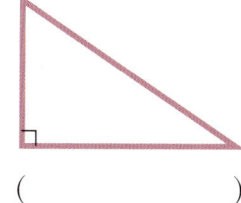 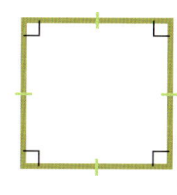 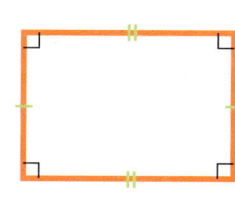

(   )   (   )   (   )

뿔처럼 생긴 모서리, 각   57

각도의 종류

각의 벌어진 정도, 각도

부채를 쫙 펼쳐 보세요. 한 점에서 나온 두 직선이 이루는 도형을 각이라고 해요. 각은 원래 '짐승의 뿔'을 뜻하는데, 뿔처럼 뾰족하게 생긴 모서리를 말하지요.

한 점에 나온 두 직선이 얼마나 벌어지느냐에 따라 각도는 달라져요. 각도란 각[角]의 벌어진 정도[度]를 말하는데, '1°'라고 쓰고 '1도'라고 읽지요.

각도
角 度
각 각　정도 도

각을 잴 때는 각도기로 재면 편리하답니다. 각도기는 각[角]의 벌어진 정도[度]를 재는 도구[器]예요. 도형의 꼭짓점과 변에 각도기의 중심과 밑금을 잘 맞추면 정확한 각도를 잴 수 있어요.

각도기
角 度 器
각 각　정도 도　도구 기

각의 벌어진 정도, 각도

내각
内 角
안 내 　 각 각

외각
外 角
바깥 외 　 각 각

양팔을 옆으로 쫙 펼치면 몇 도일까요? 180°랍니다. 도형의 각도 한 변을 기준으로 선분을 쫙 그으면 180°가 되지요. 그때 도형의 안[内]쪽 각[角]을 내각이라고 하고, 도형의 바깥[外]쪽 각[角]을 외각이라고 부른답니다.

한자, 꼬리에 꼬리를 물고

 한자의 음을 □ 안에 써넣어 더 많은 단어를 알아보아요.

각[角] 뿔, 각

1 짐승의 머리에 있는 뿔로, 뛰어난 재능을 가리켜 두□이라고 하지요.

2 사물을 보는 각도를 시□이라고 해요.

도[度] 정도

1 움직이는 사물의 빠른 정도를 속□라고 해요.

2 축축한 정도를 습□라고 해요.

두각
頭 머리 두 角 뿔 각

시각
視 볼 시 角 각 각

속도
速 빠를 속 度 정도 도

습도
濕 축축할 습 度 정도 도

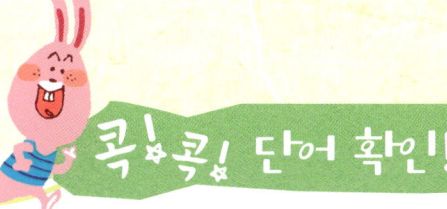

 다음 □ 안에 알맞은 단어를 써 보세요.

1 각의 벌어진 정도를 □□라고 하지요.

2 도형의 안쪽 각을 □□, 도형의 바깥쪽 각을 □□이라 부르지요.

 다음 각도기에서 가리키는 각이 몇 도인지 써 보세요.

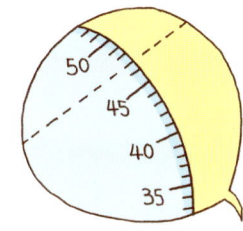

( )°

각의 벌어진 정도, 각도

선의 종류

선의 한 부분, 선분

선분
線 分
줄 선　부분 분

우리 주변에는 전깃줄에도 선이, 차도에도 선이 있어요. 선은 끝도 없이 길게 그은 줄을 말하지요. 하지만 선분은 길게 그은 줄[線]의 한 부분[分]을 말해요. 그래서 선분에는 시작점과 끝점이 있답니다.

직선은 선분을 양쪽으로 끝없이 늘인 곧은[直] 선[線]을 말해요. 양쪽으로 끝없이 늘어나기 때문에 아무리 그어도 끝까지 그을 수 없지요.

평면 도형에서 두 꼭짓점을 이은 선분을 변이라고 해요. 변은 다각형의 가장자리에 있는 선분이지요. 입체 도형에서는 면과 면이 접하는 선분을 모서리라고 해요.

사각형이나 오각형, 육각형 모양의 종이를 접으면 선이 생겨요. 이 선들을 무엇이라고 할까요?

대각선
對 角 線
마주할 대　각 각　줄 선

다각형에서 이웃하지 않는 두 꼭짓점을 이은 선분을 대각선이라고 하지요. 즉 마주하고[對] 있는 각[角]을 이은 선분[線]이지요.

한자, 꼬리에 꼬리를 물고

✏️ 한자의 음을 □ 안에 써넣어 더 많은 단어를 알아보아요.

선 [線] 줄

1. 전파가 서로 뒤섞여 엉클어지는 것을 혼□이라고 해요.
2. 선이 없는 전화기를 무□ 전화기라고 하지요.

변 [邊] 가장자리

1. 바닷가의 가장자리를 해□이라고 해요.
2. 주위의 가장자리를 주□이라고 해요.

혼선
混 섞일 혼 線 줄 선
무선
無 없을 무 線 줄 선

해변
海 바다 해 邊 가장자리 변
주변
周 주위 주 邊 가장자리 변

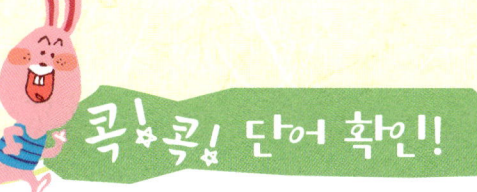

✏️ 다음 □ 안에 알맞은 단어를 써 보세요.

1. 길게 그은 줄의 한 부분을 □□이라고 해요.
2. 선분을 양쪽으로 끝없이 늘인 곧은 선을 □□이라고 해요.

✏️ 다음 선분의 이름을 써 보세요.

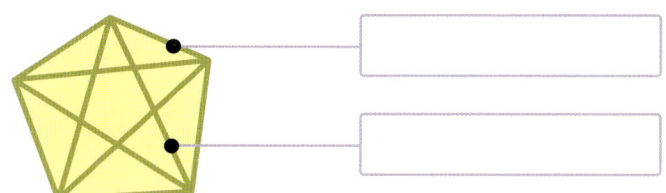

선의 한 부분, 선분

분수의 크기 비교

수를 나누자, 분수

분수

分　數
나눌 분　숫자 수

하나의 빵을 똑같이 둘로 나누면, 그중 하나는 '한 개'가 맞을까요? 먼저 모양을 살펴보면 과 이 서로 다르긴 한데요. 크기도 다르고요. 그러니까 한 개의 빵을 똑같이 둘로 나눈 것 중의 하나는 한 개가 아닌 '2분의 1개'라고 한답니다. 전체에서 부분[分]을 나타내는 수[數]를 분수라 하지요.

하나의 반은? 전체를 2로 나눈 것 중의 하나니까 $\frac{1}{2}$이고,
하나의 반의반은? 전체를 4로 나눈 것 중의 하나니까 $\frac{1}{4}$이에요.

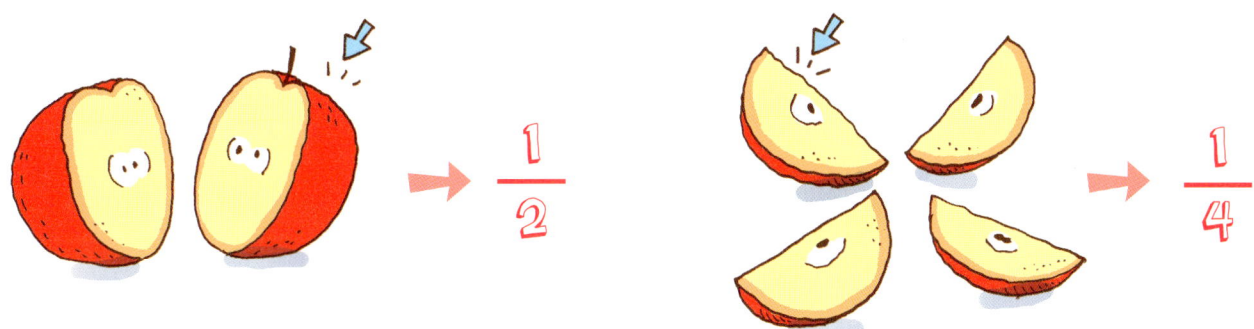

분수는 가로선 위아래로 숫자가 하나씩 있어요. 엄마 등에 업힌 아이[子]처럼, 분수[分]에서 가로선 위에 있는 수를 분자라고 한답니다. 분자는 전체를 나눈 것 중 일부를 나타내요.

분자
分 子
나눌 분   아들 자

분모는 아이를 업은 엄마[母]처럼, 분수[分]에서 가로선 아래에 있는 수를 말해요. 전체를 몇으로 나누었는지 보여 주는 수지요.

분모
分 母
나눌 분   어머니 모

수를 나누자, **분수**

분수는 $\frac{1}{4}$이 더 클까요, $\frac{3}{4}$이 더 클까요? 피자 한 판을 4조각으로 똑같이 나누면 1조각은 $\frac{1}{4}$이 되지요. 3조각은 $\frac{3}{4}$이 된답니다. 당연히 1조각보다는 3조각이 더 많으니까 $\frac{3}{4}$이 더 크겠지요.

그럼 $\frac{1}{4}$이 더 클까요, $\frac{1}{2}$이 더 클까요? 피자는 나누면 나눌수록 1조각 크기가 줄어들지요. 따라서 $\frac{1}{4}$보다 $\frac{1}{2}$이 더 크답니다.

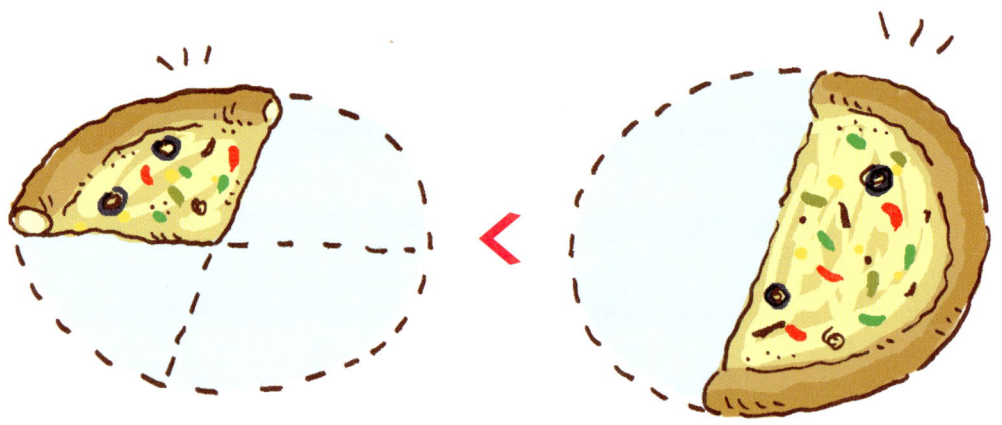

분모가 같은 분수일 때는 분자의 크기가 더 클수록 분수의 크기가 크고, 분자가 1일 때는 분모의 크기가 작을수록 크다는 것!! 꼭 기억하세요.

한자, 꼬리에 꼬리를 물고

 한자의 음을 ☐ 안에 써넣어 더 많은 단어를 알아보아요.

분 [分] 나누다

1 어떤 것을 성질에 따라 나누어 갈라 보는 것을 ☐석이라고 해요.

2 양이 모자라지 않는 것을 충☐하다고 하지요.

분석
分 나눌 분 析 가를 석

충분
充 가득 찰 충 分 나눌 분

수 [數] 숫자

1 전체의 대부분을 차지하는 수를 대다☐라고 해요.

2 반이 넘는 수를 과반☐라고 하지요.

대다수
大 큰 대 多 많을 다 數 숫자 수

과반수
過 넘을 과 半 반 반 數 숫자 수

콕콕! 단어 확인!

 다음 ☐ 안에 알맞은 단어를 써 보세요.

1 ☐☐는 전체에서 부분을 나타내는 수지요.

2 분수에서 가로선 위의 수를 ☐☐, 가로선 아래의 수를 ☐☐라 하지요.

 다음 ( ) 안에 어느 분수가 더 큰지 표시해 보세요.

$\dfrac{1}{8}$ ( ) $\dfrac{1}{4}$

시간과 시각의 차이

시각과 시각 사이, 시간

시각

時 刻
때 시 　때 각

시각은 흐르는 시간[時] 중 어느 한 시점[刻]을 말해요. 예를 들어, '출발 시간은 9시다.'라는 말은 9시 한순간을 나타내므로 시간이 아니라 시각이라고 써야 올바른 표현이에요.

9시부터 11시까지 기차를 탔다면 '2시각'이 걸린 걸까요? '2시간'이 걸린 걸까요? 어떤 시각[時]에서 어떤 시각 사이[間]를 시간이라고 합니다. 그러니까 2시간이 정답이겠지요!

시간
時 間
때 시 사이 간

시각이나 시간은 시계를 보고 알 수 있어요. 시계는 때[時]를 나타내거나 재는[計] 기계를 말해요. 아주 오래전, 시계가 없었던 시절에는 그림자 방향과 길이를 보고 시간을 짐작했어요. 하지만 흐린 날에는 시간을 알 수 없어 불편했지요. 그래서 사람들은 시계를 발명했답니다.

시계
時 計
때 시 셀 계

시각과 시각 사이, **시간**

시침

時 針
때 시 바늘 침

시계는 바늘이 3개 있어요. 가장 짧은 바늘을 시침이라 해요. 시침은 시각[時]을 가리키는 짧은 바늘[針]로, 시침이 한 바퀴를 돌면 12시간이 지나지요.

분침

分 針
나눌 분 바늘 침

시간을 60으로 나누면 분이 되지요. 분[分]을 가리키는 긴 바늘[針]을 분침이라 부른답니다. 분침이 한 바퀴를 돌면 60분, 즉 1시간이 되지요.

초침

秒 針
초 초 바늘 침

시계에는 시침과 분침 외에 초[秒]를 가리키는 아주 가는 바늘[秒]이 하나 있어요. 1초에 한 번씩 움직이는 초침이랍니다. 초(秒)는 禾(벼 화)와 少(적을 소)가 합쳐진 글자로, 벼나 보리에 붙어 있는 가늘고 깔끄러운 수염을 뜻한답니다. 거기서 '매우 가늘고 작다.'라는 뜻이 나와 분을 세밀하게 나눈 '초'를 뜻하게 되었지요.

한자, 꼬리에 꼬리를 물고

✏️ 한자의 음을 ☐ 안에 써넣어 더 많은 단어를 알아보아요.

시 [時] 때, 시간

1 날짜와 시간을 일☐라고 하지요.

2 같은 시간을 동☐라고 해요.

침 [針] 바늘

1 바늘처럼 잎이 뾰족하게 생긴 나무를 ☐엽수라고 해요.

2 벌은 다른 동물이 위협하면 독☐을 쏴 자신을 지켜요.

일시
日 날 일 時 때 시

동시
同 같을 동 時 시간 시

침엽수
針 바늘 침 葉 잎 엽 樹 나무 수

독침
毒 독 독 針 바늘 침

콕콕! 단어 확인!

✏️ 다음 ☐ 안에 들어갈 알맞은 단어를 보기에서 골라 써 보세요.

| 보기 | 시침 | 시간 | 시각 |

1 ☐☐ : '9시 20분'처럼 흐르는 시간 중 어느 한 시점

2 ☐☐ : '10시부터~12시까지'처럼 어떤 시각에서 어떤 시각까지의 사이

3 ☐☐ : 시계에서 시각을 가리키는 짧은 바늘

시각과 시각 사이, **시간**

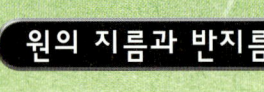

원의 지름과 반지름

둥글게 둥글게, 원

원
圓
둥글 원

세모, 네모, 동그라미는 다른 말로 삼각형, 사각형, 원이라 하지요. 원은 둥글게[圓] 그려진 모양을 말해요. 원(圓)은 둥근 세 발 솥의 모양을 본떠 만든 글자라 '둥글다'라는 뜻이 생겼어요.

주변에 동그란 물체가 있다면 종이에 대고 원을 그려 잘라 보세요. 그다음 반으로 접고 또 반으로 접으면 두 선분이 만나는 곳이 생겨요. 그곳을 '원의 중심'이라고 한답니다. 중심은 한가운데[中心]를 말하지요.

중심
中 心
가운데 중 마음 심

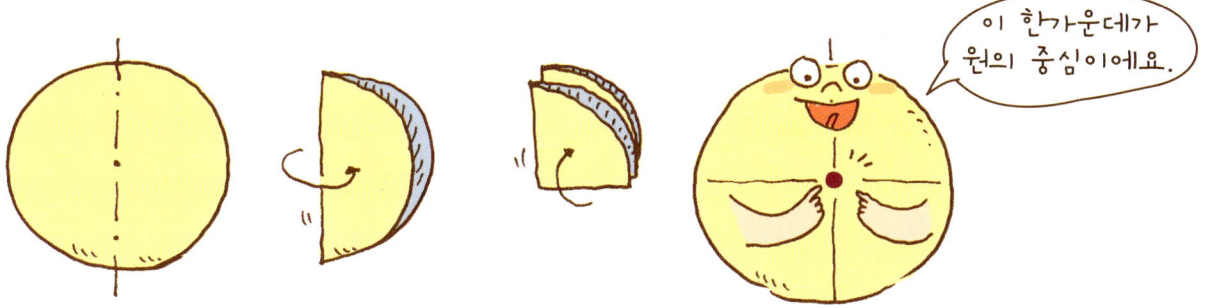

둥그런 케이크를 자를 때 어디를 잘라야 가장 긴 선분이 나올까요? 원의 중심을 지나는 선분인 지름이 가장 길지요. 원의 중심을 지나는 곧게[直] 뻗은 지름[徑]을 직경이라 부르기도 해요.

직경
直 徑
곧을 직 지름 경

반경
半 徑
반 반 / 지름 경

원의 중심에서 원둘레의 한 점에 이르는 선분을 반지름이라고 합니다. 반지름은 지름[徑]의 절반[半] 길이어서 반경이라고 부르기도 해요. 지름과 마찬가지로 한 원에서 반지름은 무수히 많고 그 길이도 모두 같아요.

태풍도 원을 그리면서 지나가지요! 원은 반지름 길이에 따라 크기도 달라진답니다. 그래서 '태풍의 반경이 점점 작아졌다.'라는 말은 태풍의 크기가 줄었다는 말이지요.

한자, 꼬리에 꼬리를 물고

✏️ 한자의 음을 ☐ 안에 써넣어 더 많은 단어를 알아보아요.

원 [圓] 둥글다

1 모난 데가 없이 부드럽고 너그러운 것을 ☐만하다고 하지요.

2 동그라미를 둘로 나누었을 때 반쪽을 반☐이라고 해요.

직 [直] 곧다, 바로

1 바르고 곧은 마음을 정☐이라 하지요.

2 식사 ☐후 누우면 소화가 잘 안 돼요.

원만
圓 둥글 원 滿 가득 찰 만

반원
半 절반 반 圓 둥글 원

정직
正 바를 정 直 곧을 직

직후
直 바로 직 後 뒤 후

콕콕! 단어 확인!

✏️ 다음 ☐ 안에 알맞은 단어를 써 보세요.

1 모나지 않고 둥근 모양을 ☐이라고 하지요.

2 원의 중심을 지나는 곧게 뻗은 지름을 ☐☐이라고 하지요.

✏️ 다음 원의 명칭을 써 보세요.

77 둥글게 둥글게, 원

등호와 부등호

견주어 살펴보는 것, 비교

비교
比 較
견줄 비   견줄 교

비교는 둘 이상의 것을 견주어[比] 크고 작거나 많고 적음을 살펴보는[較] 것이에요. 코끼리와 쥐 중 어느 동물이 더 큰지 비교하기는 쉽지만 각기 다른 그릇에 담긴 물의 양을 비교하는 것은 참 어렵답니다. 들이는 한 눈금이 1㎖예요. 1㎖가 1,000개 모이면 1ℓ가 되지요.

비교하여 양쪽이 서로 같으면 등호라는 기호를 쓰지요. 등호는 양쪽이 서로 같음[等]을 나타내는 부호[號]랍니다. 등호는 양팔을 나란히 한 것처럼 '='으로 표시하지요.

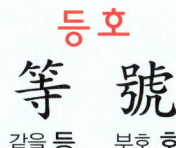

등호
等 號
같을 등 부호 호

1,000g = 1kg

그럼, 어느 한쪽이 크거나 작으면 어떤 기호로 나타낼까요? 양쪽이 같지[等] 않음[不]을 나타내는 부호[號]를 부등호라고 해요. 부등호는 두 수나 식의 크고 작은 관계를 나타내고 '>'와 '<'로 표시한답니다.

부등호
不 等 號
아닐 부 같을 등 부호 호

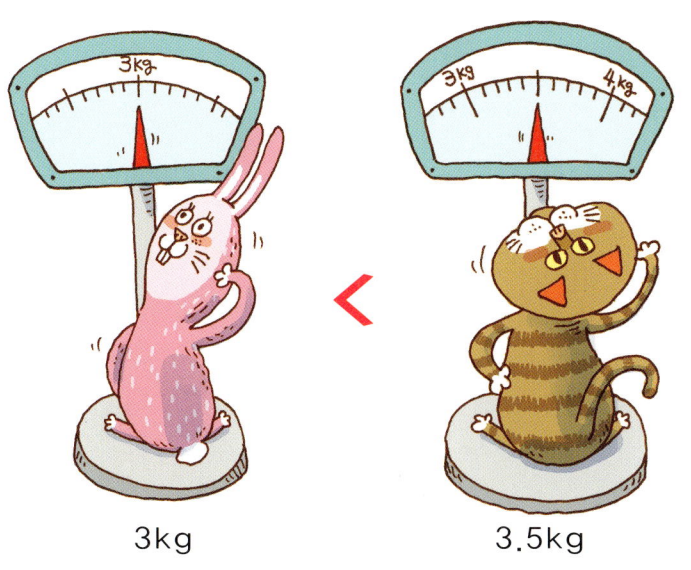

3kg   3.5kg

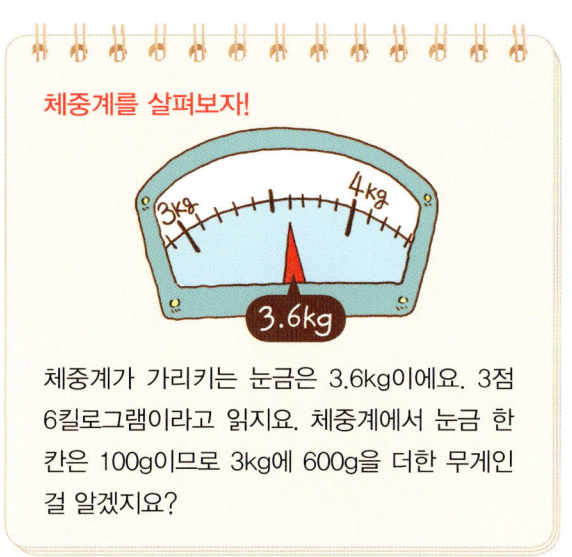

체중계를 살펴보자!

체중계가 가리키는 눈금은 3.6kg이에요. 3점 6킬로그램이라고 읽지요. 체중계에서 눈금 한 칸은 100g이므로 3kg에 600g을 더한 무게인 걸 알겠지요?

견주어 살펴보는 것, **비교**

등식 等式
같을 **등** 방식 **식**

'사과 4개에 2개를 더하면 사과 6개와 같다.'라는 긴말을 수학에서는 짧게 식으로 표현하지요. 특히 양쪽의 숫자나 식이 서로 같을 때 등[等]호를 사용하여 식[式]으로 나타내요. 이것을 등식이라고 한답니다.

부등식 不等式
아닐 **부** 같을 **등** 방식 **식**

어떤 수가 다른 수보다 크거나 작을 때는 부등[不等]호를 사용하여 식[式]으로 나타내지요. 이것을 부등식이라 한답니다.

한자, 꼬리에 꼬리를 물고

한자의 음을 ☐ 안에 써넣어 더 많은 단어를 알아보아요.

등[等] 같다

1. 차별 없이 고른 것을 평☐이라고 하지요.
2. 양쪽이 서로 비슷한 것을 대☐이라고 하지요.

호[號] 부호, 부르짖다

1. 남몰래 쓰는 부호를 암☐라 해요.
2. 응원할 때 외치는 간단한 문구를 구☐라 하지요.

평등
平 평평할 평 等 같을 등

대등
對 마주할 대 等 같을 등

암호
暗 몰래 암 號 부호 호

구호
☐ 입 구 號 부르짖을 호

콕콕! 단어 확인!

다음 ☐ 안에 알맞은 단어를 써 보세요.

1. 둘 이상의 것을 견주어 크고 작거나 많고 적음을 살펴보는 것을 ☐☐라 해요.

2. ☐☐☐는 양쪽이 같지 않음을 나타내는 부호지요.

다음 ☐ 안에 알맞은 부등호를 써 보세요.

4 + 2 ☐ 7   ☐ 9

견주어 살펴보는 것, 비교   81

1보다 작은 수, 소수

둥그런 케이크를 10조각으로 똑같이 나누면 한 조각의 크기는? 그렇지요. 전체를 10으로 나눈 것 중의 하나는 $\frac{1}{10}$이라는 사실을 모두 알고 있어요. 이렇게 분수로 나타낼 수도 있지만 다른 방법으로 나타낼 수 있답니다.

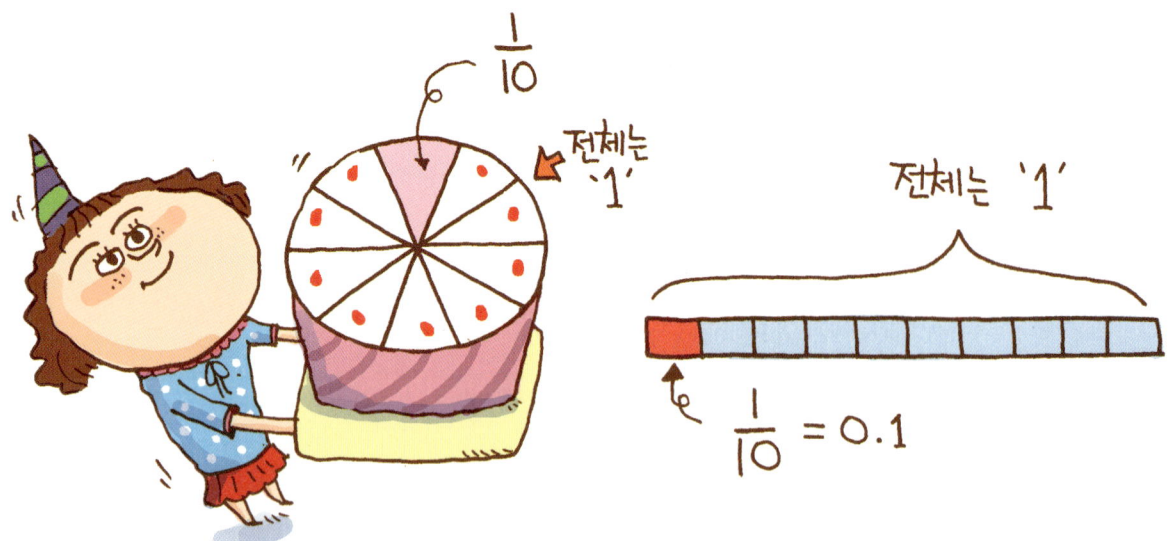

케이크 열 조각 중의 하나는 $\frac{1}{10}$이지요. $\frac{1}{10}$을 '0.1'이라고 하고 '영 점 일'이라고 읽어요. 이렇게 0보다는 크지만 1보다 작은[小] 수[數]를 소수라고 하고 소수[小數]에 찍는 점[點]을 소수점이라고 하지요.

소수
小 數
작을 소   숫자 수

소수점
小 數 點
작을 소   숫자 수   점 점

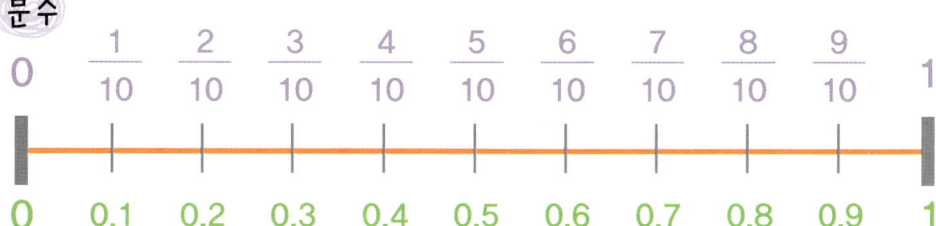

여러분은 어느 계절을 좋아하나요? 우리 반 친구들이 어느 계절을 좋아하는지 큰 줄기[統]를 기준으로 조사하여 헤아린[計] 수를 표[表]로 나타낸 것이 통계표지요. 통계표를 보면 어느 계절을 몇 사람이 좋아하는지 알 수 있어요.

통계표
統 計 表
큰 줄기 통   셀 계   표 표

계절	봄	여름	가을	겨울
학생 수	3	8	10	6

1보다 작은 수, 소수

도표

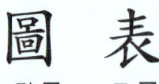
圖 表
그림 도 　 표 표

하지만 통계표는 한눈에 알아보기 어려워요. 그래서 통계표를 도표로 만든답니다. 도표란 통계표에 기록된 것을 그림[圖]으로 보기 좋게 나타낸 표[表]를 말해요.

도표를 만들려면
1. 가로선과 세로선을 그어야 해요.
2. 가로선에 좋아하는 계절을 쓰고, 세로선에 학생 수를 씁니다.
3. 각 계절에 좋아하는 학생 수를 막대로 표시하지요.

이야~ 한눈에 쫙 보이는데?

가을이 제일 좋아!

✏️ 한자의 음을 □ 안에 써넣어 더 많은 단어를 알아보아요.

도 [圖] 그림

1 땅의 모습을 그림으로 나타낸 것을 지□라고 하지요.

2 간략하게 줄여 중요한 것만 그린 지도를 약□라고 해요.

표 [表] 표, 겉

1 책의 겉장을 □지라고 해요.

2 땅의 겉면을 지□면이라고 하지요.

지도
地 땅 지 圖 그림 도
약도
略 간략할 략 圖 그림 도

표지
表 겉 표 紙 종이 지
지표면
地 땅 지 表 겉 표 面 면 면

콕콕! 단어 확인!

 다음 □ 안에 알맞은 단어를 써 보세요.

1 0보다는 크지만 1보다 작은 수를 □□라고 해요.

2 □□는 통계표에 기록된 것을 그림으로 보기 좋게 나타낸 표를 말해요.

✏️ 다음 연필의 길이를 써 보세요.

(   )cm

1보다 작은 수, 소수

땅을 그린 그림, **지도**   88

다양한 **지형**, 다양한 생활 모습   92

다양한 **기후**, 다양한 생활 모습   96

나고 만든 물건, **생산물**   100

꾸준히 하는 일, **직업**   104

여럿이 함께 쓰는 곳, **공공장소**   108

옛사람이 남긴 물건, **유물**   112

입고 먹고 자요, **의식주**   116

문화의 보물, **문화재**   120

움직여 옮겨 다녀요, **이동**   124

우리나라의 예절, **전통 의례**   128

해마다 지키는 이름난 날, **명절**   132

방위와 그림지도

땅을 그린 그림, 지도

지도
地 圖
땅 지   그림 도

먼 곳에 여행을 갈 때뿐만 아니라 가까운 곳을 찾아갈 때에도 지도는 우리 생활에서 참 편리하게 쓰입니다. 왜냐하면, 지도는 땅[地]의 모습을 자세히 그린 그림[圖]이기 때문이지요. 지도만 있으면 모르는 길도 척척 찾아갈 수 있어요.

88   사회

지도를 보고 병원을 찾아가려고 해요. 이때 제일 먼저 방위를 확인해야지요. 방위란 한 곳을 기준으로 나타내는 방향[方]이나 위치[位]를 뜻해요.

방위
方 位
방향 방　자리 위

방위는 기본적으로 동·서·남·북 네[四] 방향[方位]을 나타내는데 이것을 사방위라고 한답니다. 또 방위[方位]를 나타내는 표[表]를 방위표라고 하지요. 네 방향을 나타내면 4방위표, 여덟 방향을 나타내면 8방위표라고 한답니다. 방위표가 없는 지도는 위쪽을 북쪽이라고 생각하면 돼요.

사방위
四 方 位
넷 사　방향 방　자리 위

방위표
方 位 表
방향 방　자리 위　표 표

정확한 방향을 알려면 나침반을 사용하면 돼요. 나침반은 바늘[針]이 빙빙 돌아[羅] 남과 북을 가리키는 받침[盤]이에요. 나침반은 중국 한나라 시대에 발명되어 오래도록 항해에 사용했지요.

나침반
羅 針 盤
돌 라　바늘 침　받침 반

땅을 그린 그림, **지도**

왼쪽의 장소를 오른쪽에서는 그림지도로 표현했지요? 그림지도를 사용하면 장소의 특징을 한눈에 살펴볼 수 있어 건물의 위치를 좀 더 쉽게 찾을 수 있답니다.

기호
記 號
기록할 기 부호 호

그림지도는 기호를 사용하여 실제 모습보다 간단히 나타내지요. 기호는 사물의 특징을 간단히 표시하는[記] 부호[號]로 그 기호를 보면 어떠한 곳인지, 무슨 뜻인지 단번에 알 수 있어요.

한자, 꼬리에 꼬리를 물고

✏️ 한자의 음을 ☐ 안에 써넣어 더 많은 단어를 알아보아요.

지 [地] 땅

1. 빗물이 땅속에 스며들어 고인 물을 ☐하수라고 해요.
2. 땅이 흔들리고 갈라지는 현상을 ☐진이라고 해요.

지하수
地 땅 지 下 아래 하 水 물 수

지진
地 땅 지 震 흔들릴 진

도 [圖] 그림

1. 점·선·면으로 이루어진 삼각형, 사각형, 원 등을 ☐형이라고 해요.
2. 그림, 글씨, 책 등을 통틀어 ☐서라고 하지요.

도형
圖 그림 도 形 모양 형

도서
圖 그림 도 書 글 서

콕콕! 단어 확인!

✏️ 다음 ☐ 안에 알맞은 단어를 써 보세요.

1. 땅의 모습을 자세히 그린 그림을 ☐☐라고 해요.
2. 동·서·남·북 네 방향을 ☐☐☐라고 하지요.
3. ☐☐☐의 빨간색 바늘은 항상 북쪽을 가리켜요.
4. 그림지도는 한눈에 알아보기 쉽게 ☐☐와 그림으로 간단히 그린 지도예요.

땅을 그린 그림, **지도**

고장의 지형과 생활

다양한 지형, 다양한 생활 모습

지형
地 形
땅 지   모양 형

지구촌을 둘러보면 어떤 곳은 산이 있고, 어떤 곳은 평평한 들판이 펼쳐지며 어떤 곳은 하천이 흐르지요? 사람들은 지형, 즉 땅[地]의 모양[形]에 따라 생활하는 모습이 다르답니다.

고원
高 原
높을 고   들판 원

티베트에는 세계에서 가장 크고 높은 고원이 있어요. 고원은 주변보다 높은[高] 곳에 있는 넓은 들판[原]이랍니다. 티베트 고원은 다른 곳보다 높아서 '세계의 지붕'이라는 별명이 있지요.

초원
草 原
풀 초   들판 원

고원은 주변 지역보다 높아 기온이 낮답니다. 그래서 큰 나무 대신 푸른 풀들로 덮여 있죠. 이렇게 풀[草]이 난 들판[原]을 초원이라고 해요. 고원에 사는 사람들은 초원에서 말이나 염소, 야크 등을 키우며 살아갑니다.

그러면 낮고 평평한[平] 들판[原]은 무엇이라 할까요? 평원이라고 한답니다. 옛날 평원에서는 학교나 집 같은 건물을 짓고 논과 밭을 일궈 농사를 짓고 살았어요. 요즘은 공장을 만들어 필요한 것들을 생산해 내기도 하지요. 미국의 평원은 너무 넓어서 기계를 이용하여 대규모 농사를 짓는 것으로 유명하답니다.

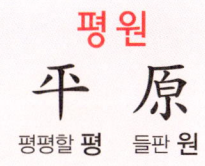

평원
平 原
평평할 평 들판 원

다양한 **지형**, 다양한 생활 모습

네덜란드는 풍차가 많기로 유명해요. 네덜란드에는 왜 이렇게 풍차가 많을까요? 네덜란드 땅은 바다보다 낮은 곳이 많답니다. 커다란 바람개비가 돌아가면서 육지에 찬 물을 퍼내기 때문에 땅이 바다에 잠기지 않는 거래요.

하천
河 川
강하　시내천

또 네덜란드는 하천이 많아서 사람이나 물건을 배로 운반한대요. 하천은 큰 강[河]과 작은 시내[川]를 아울러 이르는 말이지요.

수상 가옥
水 上 家 屋
물수　위상　집가　집옥

태국의 방콕 사람들은 조금 다른 모습으로 강을 이용하며 살아가지요. 차오프라야 강 주변을 따라 사람들은 물[水] 위[上]에 떠 있는 집[家屋]인 수상 가옥을 짓고 산답니다. 그뿐만 아니라 수상 시장도 열려 배를 타고 이동하며 물건을 사고팔지요.

한자, 꼬리에 꼬리를 물고

 한자의 음을 ☐ 안에 써넣어 더 많은 단어를 알아보아요.

초[草] 풀

1. 바다에서 나는 풀을 해☐라고 해요.
2. 불로☐는 먹으면 늙지 않는다고 알려진 풀이에요.

원[原] 근원

1. 물건이 처음 만들어진 땅을 ☐산지라고 해요.
2. 많은 경우에 적용되는 근본 법칙을 ☐칙이라고 해요.

해초
海 바다 해　草 풀 초

불로초
不 아니 불　老 늙을 로　草 풀 초

원산지
原 근원 원　産 날 산　地 땅 지

원칙
原 근원 원　則 법칙 칙

콕콕! 단어 확인!

 다음 ☐ 안에 알맞은 단어를 써 보세요.

1. 티베트에는 주변보다 높고 넓은 들판인 ☐☐이 있어요.
2. 풀이 난 ☐☐에서 사람들은 염소나 야크 등을 키우며 살지요.
3. 미국의 ☐☐은 너무 넓어 기계로 대규모 농사를 지어요.
4. 물 위에 떠 있는 집을 ☐☐ 가옥이라고 하지요.

다양한 **지형**, 다양한 생활 모습

고장의 기후와 생활

다양한 기후, 다양한 생활 모습

기후
氣 候
대기 기　날씨 후

일정한 지역에 여러 해 동안 나타나는 대기[氣]의 평균 날씨[候]를 기후라고 해요. 전 세계에 나타나는 기후는 크게 몇 가지로 나눌 수 있어요.

건조 기후
乾 燥 氣 候
마를 건　마를 조　대기 기　날씨 후

건조 기후는 땅과 물이 모두 말라[乾燥] 버리는 기후[氣候]예요. 건조 기후 지역은 오랫동안 비가 내리지 않아 사막이 되거나 풀만 조금 자라는 초원이 된답니다. 이 지역의 사람들은 풀이 난 곳을 따라 염소와 낙타를 데리고 다니며 생활하지요.

가장 추운 달의 평균 기온이 18℃ 이상 되는 기후를 열대 기후라고 해요. 열대 기후는 몹시 더운[熱] 지대[帶]의 기후[氣候]를 말하지요. 아무리 추워도 우리나라의 봄 날씨 정도밖에 되지 않아요. 집을 지을 때도 나뭇가지와 나뭇잎을 엮어 최대한 시원하게 생활한답니다.

열대 기후
熱 帶 氣 候
더울 열 지대 대 대기 기 날씨 후

대(帶)에 이런 뜻이?
대(帶)는 '띠'라는 뜻이 있어요. 허리띠를 요대, 가죽띠를 혁대라고 하지요. 또 지구의 땅을 구분할 때도 쓰여요. 그래서 '구역, 지역, 지대'라는 뜻도 가지고 있답니다.

반대로 몹시 추워 눈과 얼음[寒]으로 뒤덮인 지대[帶]의 기후[氣候]를 한대 기후라고 하며 남극과 북극이 여기에 속하지요. 한대 기후 지역은 너무 추워 식물이 살 수 없어요. 사람들은 물고기나 동물을 잡아먹고 동물의 털로 옷을 만들어 추위를 이겨낸답니다.

한대 기후
寒 帶 氣 候
얼 한 지대 대 대기 기 날씨 후

다양한 기후, 다양한 생활 모습 97

냉대 기후
冷帶氣候
찰 랭 지대 대 대기 기 날씨 후

냉대 기후는 대체로 서늘한[冷] 지대[帶]의 기후[氣候]를 말해요. 냉대 기후 지역은 짧은 여름 덕분에 옥수수, 호밀, 감자 등의 농사를 짓기도 하고, 추위에 강한 나무들을 생산해 내기도 해요.

온대 기후
溫帶氣候
따뜻할 온 지대 대 대기 기 날씨 후

사람들은 날씨가 따뜻한 곳에 가장 많이 산답니다. 따뜻한[溫] 지대[帶]의 기후[氣候]를 온대 기후라고 하지요. 온대 기후 지역은 사계절이 뚜렷하기 때문에 다양한 문화가 발달했어요. 음식도 계절에 맞게 차가운 음식과 따뜻한 음식을 고루 먹지요.

한자, 꼬리에 꼬리를 물고

✏️ 한자의 음을 ☐ 안에 써넣어 더 많은 단어를 알아보아요.

온 [溫] 따뜻하다, 온화하다

1 지구의 평균 기온이 올라가는 현상을 지구 ☐난화라 해요.

2 마음이 따뜻하고 부드러운 것을 ☐유라고 하지요.

랭 [冷] 차다

1 뜨거운 것을 급히 차게 만드는 것을 급☐이라고 해요.

2 차가운 태도로 비웃는 것을 ☐소라고 하지요.

온난화
溫 따뜻할 온　暖 따뜻할 난　化 될 화

온유
溫 온화할 온　柔 부드러울 유

급랭
急 급할 급　冷 찰 랭

냉소
冷 찰 랭　笑 웃을 소

콕콕! 단어 확인!

✏️ 다음 ☐ 안에 알맞은 단어를 써 보세요.

1 일정한 지역에 여러 해 동안 나타나는 대기의 평균 날씨를 ☐☐라고 해요.

2 비가 오지 않아 땅과 물이 모두 말라 버리는 기후를 ☐☐ 기후라고 해요.

3 ☐☐ 기후 사람들은 이글루에 살고 동물의 털로 옷을 만들어 추위를 이겨내요.

다양한 기후, 다양한 생활 모습

고장의 생산물

나고 만든 물건, 생산물

생산물

生 産 物
날생　날산　물건물

고장마다 서로 다른 자연환경을 가지고 있기 때문에 생산물도 차이가 있답니다. 생산물은 그 고장에서 생산[生産]되는 물건[物]을 말해요.

차를 타고 도시를 조금만 빠져나가면 논과 밭이 펼쳐지지요? 그곳에서 농사[農]짓는 마을[村]을 농촌이라고 해요. 또 농촌[農]에서 기른[産] 물건[物]을 농산물이라 하고요. 농산물에는 쌀, 배추, 고추, 과일, 꽃 등이 있답니다.

농촌
農 村
농사 농　마을 촌

농산물
農 産 物
농사 농　날 산　물건 물

그럼, 이번엔 산촌을 알아볼까요? 산촌은 산자락[山]에 있는 마을[村]이에요. 그곳에 사는 사람들은 나무를 키우거나 버섯, 산나물, 약초 등을 캐며 생활한답니다. 이렇게 산림[林]에서 얻는[産] 물건[物]을 임산물이라고 해요. 또 산속 목장에서는 소나 말, 닭, 돼지 등의 가축을 기르지요. 가축에서 얻은 고기, 우유, 알, 털 등을 축산물이라 합니다. 축산물은 가축[畜]을 길러 얻은[産] 물건[物]을 통틀어 말해요.

산촌
山 村
산 산　마을 촌

임산물
林 産 物
수풀 림　날 산　물건 물

축산물
畜 産 物
가축 축　날 산　물건 물

어촌
漁 村
고기 잡을 어 마을 촌

해산물
海 産 物
바다 해 날 산 물건 물

바다 주위에는 어촌이 있어요. 어촌은 고기잡이하는[漁] 마을[村]입니다. 어촌 사람들은 드넓은 바다를 삶의 터전으로 삼고 물고기와 조개를 잡거나 미역, 다시마 등을 키우며 살아가지요. 바다[海]에서 잡거나 얻은[産] 물건[物]을 해산물이라 한답니다.

오늘은 해산물이 싱싱하구먼!!

교류
交 流
서로 교 흐를 류

마을마다 서로 생산해 내는 물건들이 다르므로 사람들은 서로 자기 마을에서 나지 않는 생산물을 주고받아요. 이렇게 마을과 마을이 서로[交] 생산물을 주고받으며 관계를 맺는[流] 것을 교류라고 하지요.

한자, 꼬리에 꼬리를 물고

 한자의 음을 □ 안에 써넣어 더 많은 단어를 알아보아요.

농[農] 농사

1. 농사를 짓는 사람들을 □민이라 하지요.
2. 논밭에 심어 가꾸는 곡식이나 채소를 □작물이라고 해요.

촌[村] 마을

1. 민속□은 옛사람들의 생활 풍습을 보여 주는 마을이지요.
2. 서울 태릉에는 올림픽에 출전할 선수들이 모여 있는 선수□이 있어요.

농민
農 농사 농 民 백성 민

농작물
農 농사 농 作 지을 작 物 물건 물

민속촌
民 백성 민 俗 풍속 속 村 마을 촌

선수촌
選 가릴 선 手 사람 수 村 마을 촌

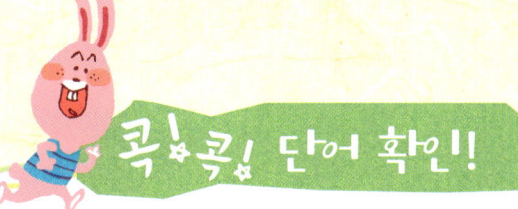

다음 □ 안에 알맞은 단어를 써 보세요.

1. 고장마다 다른 자연환경 때문에 그곳에서 나는 □□□도 달라요.
2. 버섯, 약초, 산나물처럼 산림에서 얻은 물건을 □□□이라고 해요.
3. □□은 고기잡이를 주로 하는 마을이에요.
4. 마을과 마을은 서로 생산물을 주고받으며 □□하지요.

고장 사람들이 하는 일

꾸준히 하는 일, 직업

직업
職 業
일 직   일 업

사람들은 자신의 재능과 능력에 따라 일을 하며 생활을 꾸려 나가지요. 그렇게 꾸준히 하는 일[職業]을 직업이라고 해요. 세상에는 수만 가지의 직업이 있고 사람들은 자유롭게 직업을 선택하지요.

인문 환경
人 文 環 境
사람 인 문화 문 돌 환 장소 경

대체로 직업은 고장의 자연환경과 인문 환경에 영향을 받아 선택하지요. 인문 환경이란 사람[人]이 문화적[文]으로 만든 환경[環境]을 말해요. 예를 들어 산과 하천은 자연환경이지만, 병원, 도서관, 상점, 신호등은 인문 환경입니다.

농촌의 자연환경을 한번 살펴볼까요? 농촌은 땅이 평평하고 넓어 농사를 짓기에 알맞은 자연환경을 가지고 있지요. 그래서 농촌에 사는 사람들은 쌀, 보리, 수수 같은 곡식을 키우는 직업을 가지고 있어요. 이렇게 식물을 심어 농사[農]짓는 일[業]을 농업이라 하지요.

농업
農 業
농사 농 일 업

산촌은 산으로 둘러싸여 사람들이 대부분 산에서 자라는 산나물과 약초를 캐며 산답니다. 산촌에 사는 사람들도 자연환경에 영향을 받아 직업을 선택하지요. 그중 산속 숲[林]에서 임산물이나 목재를 얻는 일[業]을 임업이라고 합니다.

임업
林 業
수풀 림 일 업

어촌에 사는 사람들은 바다에서 물고기를 잡기도 하고 염전을 만들어 소금을 얻기도 하지요. 바다에서 나는 것을 잡거나[漁] 양식하는 일[業]을 어업이라고 해요.

어업
漁 業
고기 잡을 어 일 업

꾸준히 하는 일, 직업

제조업
製 造 業
만들 제 만들 조 일 업

도시 사람들은 자연환경보다 인문 환경에 더 영향을 받아 직업을 선택한답니다. 예를 들어 공장이 생긴다면 공장에서 물건을 만드는 사람이 늘어나겠지요? 물건 만드는[製造] 일[業]을 제조업이라고 해요.

운수업
運 輸 業
옮길 운 나를 수 일 업

또 사람을 태우거나[運] 물건을 실어 나르는[輸] 일[業]도 있어요. 운수업은 버스, 택시, 지하철, 비행기 등으로 사람을 태우거나 트럭, 선박 등으로 물건을 나르는 직업을 말한답니다.

판매업
販 賣 業
팔 판 팔 매 일 업

시장이나 백화점에 가면 사람들에게 좋은 상품을 알리고 물건을 파는 사람이 있어요. 사람들에게 친절한 미소로 물건을 파는[販賣] 일[業]은 판매업이라고 한답니다.

한자, 꼬리에 꼬리를 물고

✏️ 한자의 음을 ☐ 안에 써넣어 더 많은 단어를 알아보아요.

제 [製] 만들다

1. 어떤 재료로 만들어낸 물건을 ☐품이라고 해요.
2. 딱 겹쳐지게 똑같이 만드는 것을 복☐라고 해요.

조 [造] 만들다

1. 진짜와 비슷한 가짜를 만드는 것을 위☐라고 해요.
2. 배를 만드는 곳을 ☐선소라고 해요.

제품
製 만들 제   品 물건 품

복제
複 겹칠 복   製 만들 제

위조
僞 거짓 위   造 만들 조

조선소
造 만들 조   船 배 선   所 곳 소

콕콕! 단어 확인!

✏️ 다음 ☐ 안에 알맞은 단어를 써 보세요.

1. 산과 하천은 ☐☐환경이고 병원, 도서관, 상점은 ☐☐환경이에요.

2. 산에서 나무를 길러 목재를 얻는 일을 ☐☐이라고 해요.

3. ☐☐☐은 사람을 태우거나 물건을 실어 나르는 일이에요.

4. 사람들에게 친절한 미소로 물건을 파는 일을 ☐☐☐이라고 해요.

공공장소와 공공 기관

여럿이 함께 쓰는 곳, 공공장소

공공장소
公共場所
여럿 공 함께 공 마당 장 장소 소

지하철, 병원, 학교, 도서관 같은 곳의 공통점은 무엇일까요? 여러[公] 사람이 함께[共] 사용하는 장소[場所]지요. 이곳을 공공장소라고 합니다.

> **공(公)에 이런 뜻이?**
> 공(公)은 어떤 물건을 사람 수대로 똑같이 나눈 모양에서 유래했대요. 그래서 '여럿'이라는 뜻도 있지만 '공평하다'라는 뜻도 있답니다.

공중도덕
公衆道德
여럿 공 사람 중 도리 도 덕목 덕

공공장소는 여러 사람이 모이는 곳이기 때문에 다른 사람을 배려해야 해요. 왜냐하면, 나의 행동이 여러 사람에게 피해를 줄 수 있기 때문이지요. 여러[公] 사람[衆]을 위해 지켜야 할 도리[道]나 덕목[德]을 공중도덕이라고 하지요.

공공장소에서는 뛰거나 떠들지 않고, 줄을 서서 차례를 기다려야 해요. 쓰레기도 함부로 버려서는 안 되지요.

공공장소와 헷갈리는 말에는 공공 기관이 있어요. 공공 기관은 여러[公] 사람이 함께[共] 편리하게 생활할 수 있도록 나라나 고장에서 만든 기관[機關]을 이야기합니다. 한국 조폐 공사라는 곳을 들어 본 적 있나요? 조폐란 '화폐[幣]를 만들다.'라는 뜻으로 이곳은 우리나라의 돈을 만들어 내려고 나라에서 설립한 공공 기관이지요.

공공 기관
公 共 機 關
여럿 공 함께 공 틀 기 기관 관

여럿이 함께 쓰는 곳, **공공장소** 109

일반 박물관은 공공장소이긴 하지만 공공 기관은 아니에요. 하지만, 나라에서 설립한 국립 중앙 박물관은 공공 기관이지요. 이제 공공장소와 공공 기관을 확실히 구별할 수 있겠죠?

공공장소나 공공 기관은 주로 교통이 편리하고 사람들이 많이 모이는 곳에 있어요. 우리 고장에서 사람들이 많이 모이는 곳을 한번 살펴볼까요?

중심지
中 心 地
가운데 중 마음 심 땅 지

버스 터미널이나 기차역, 여객선 터미널은 교통이 발달하여 오가는 사람들로 항상 붐빈답니다. 또한, 역과 터미널 주변은 상점, 약국, 식당, 은행, 병원, 문화 센터 등 다양한 시설들이 있어 사람들이 편리하게 생활할 수 있어요. 이렇게 교통이 발달하여 사람들이 활동하는 데 중심[中心]이 되는 곳[地]을 중심지라고 합니다.

한자, 꼬리에 꼬리를 물고

✏️ 한자의 음을 ☐ 안에 써넣어 더 많은 단어를 알아보아요.

공[公] 공평하다, 여럿

1 공평하고 올바른 것을 ☐정하다고 해요.
2 여러 사람이 이용하도록 나라에서 설치한 정원을 ☐원이라고 해요.

공[共] 한가지, 함께

1 다른 사람과 똑같이 느끼는 것을 ☐감이라고 해요.
2 함께 가지는 것을 ☐유라고 하지요.

공정
公 공평할 공   正 바를 정

공원
公 여럿 공   園 정원 원

공감
共 한가지 공   感 느낄 감

공유
共 함께 공   有 가질 유

콕! 콕! 단어 확인!

✏️ 다음 ☐ 안에 들어갈 알맞은 단어를 보기에서 골라 써 보세요.

| 보기 | 중심지   공공장소   공중도덕 |

1 여러 사람이 함께 사용하는 장소를 ☐☐☐☐라고 해요.

2 여러 사람을 위해 지켜야 할 도리나 덕목을 ☐☐☐☐이라고 해요.

3 교통이 발달하여 사람들이 활동하는 데 중심이 되는 곳을 ☐☐☐라고 해요.

고장의 문화유산

옛사람이 남긴 물건, 유물

유물
遺 物
남길 유 물건 물

우리 고장의 옛 모습을 알려면 박물관을 찾아가 그곳의 유물과 유적을 살펴보면 알 수 있어요. 유물은 옛사람이 후세 사람에게 남긴[遺] 물건[物]을 말해요. 유물은 그 당시 사람들이 사용하던 물건이랍니다.

여러분이 잘 아는 대표적인 유물 몇 점을 살펴볼까요?

천마총 금관과 천마총 금모는 국립 경주 박물관에 소장되어 있습니다.

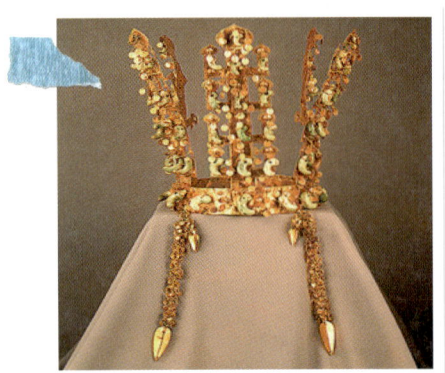
천마총 금관

천마총 천마도

천마총 금모

옆에서 본 유물들의 공통점은 무엇일까요? 세 가지 유물은 경주 천마총에서 발견된 것으로 이 유물을 통해 신라 시대의 화려한 문화를 엿볼 수 있지요.

유물이 발견된 천마총처럼 유물이 남아 있는 곳, 옛사람이 남긴[遺] 자취[跡]를 유적이라고 해요. 주로 무덤이나 집, 궁궐, 혹은 전쟁을 했던 장소가 있지요.

유적
遺 跡
남길 유 자취 적

암사동 선사 유적지

몽촌토성

경복궁

사람들은 유적지를 찾아가 조상의 자취를 더듬고 역사를 되새겨 보기도 해요. 그리고 자신의 뿌리와 자신에 대해 생각해 보는 기회를 얻는답니다. 이렇게 유적지를 직접 밟고[踏] 조사하여[査] 다니는 것을 답사라고 하지요.

답사
踏 査
밟을 답 조사할 사

옛사람이 남긴 물건, 유물

유래 由來
비롯할 유 / 올 래

답사를 가면 그 고장의 유물과 유적뿐 아니라 고장의 유래도 알 수 있어요. 유래란 사물이나 일이 비롯되어[由] 내려온[來] 것을 말해요. 고장의 유래를 통해 고장이 언제, 어떻게 생겨났는지 알 수 있답니다.

지명 地名
땅 지 / 이름 명

또 고장의 지명으로도 그곳이 어떤 곳이었는지 알 수 있어요. 지명은 땅[地]의 이름[名]이라는 뜻이에요. 예를 들어 대전은 '큰 대(大)'와 '밭 전(田)'을 합친 말로, 큰 밭이 있었던 곳이었어요.

수원시 장안구의 팔 부자 거리 유래
조선 시대 정조 대왕은 수원으로 도읍을 옮기려고 화성을 짓기 시작했어요. 그리고 수원을 부유한 도시로 만들고자 부자들에게 싼값에 점포를 차리게 해 주었지요. 또 안성의 종이 만드는 장인에게는 화성에서 장사하면 돈을 빌려 주기도 했대요. 정조의 파격적인 정책에 전국 8도의 부자들과 상인들은 하나둘씩 수원으로 모여 살았다고 해요. 이때부터 전국 8도의 부자들이 모여 산 거리를 '팔 부자 거리'라고 부릅니다.

한자, 꼬리에 꼬리를 물고

 한자의 음을 ☐ 안에 써넣어 더 많은 단어를 알아보아요.

유[遺] 남기다

1 병을 앓고 난 뒤에도 남아 있는 증상을 후☐증이라고 해요.
2 전대 사람들이 남겨 놓은 재산을 ☐산이라고 하지요.

물[物] 물건, 사물

1 유물이나 자료를 모아 보관하는 곳을 박☐관이라고 해요.
2 사람들이 땅 위에 세운 집 등을 통틀어 건☐이라고 해요.

후유증
後 뒤 후 遺 남길 유 症 증세 증

유산
遺 남길 유 産 재산 산

박물관
博 넓을 박 物 물건 물 館 집 관

건물
建 세울 건 物 사물 물

콕콕! 단어 확인!

다음 ☐ 안에 알맞은 단어를 써 보세요.

1 옛사람이 후세 사람에게 남긴 물건을 ☐☐이라고 해요.

2 백제의 ☐☐에는 무령왕릉, 몽촌토성 등이 있어요.

3 유적지를 직접 밟고 조사하여 다니는 것을 ☐☐라고 해요.

4 ☐☐은 '땅의 이름'이라는 뜻이에요.

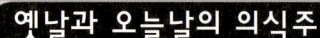

입고 먹고 자요, 의식주

생활
生 活
살 생　살 활

의식주
衣 食 住
입을 의　먹을 식　살 주

사람이 활동하며[活] 살아가는[生] 것을 생활이라고 해요. 사람이 생활하는데 가장 필요한 것은 몸을 보호할 수 있는 옷, 건강한 몸을 만드는 음식, 그리고 편안한 집이겠죠. 이것을 의식주라고 말한답니다. 의식주는 사람이 생활하면서 입고[衣] 먹고[食] 사는[住] 모든 것을 아울러 이르는 말이에요.

옛날에는 우리나라[韓] 고유의 옷[服]인 한복을 입고 생활했어요. 한(韓)은 한국, 한식, 한복에서 보듯이 '우리나라'를 뜻하는 말이랍니다. 남자는 저고리와 바지를 입고 여자는 저고리와 치마를 입었어요.

한복
韓 服
나라 이름 한 옷 복

오늘날에는 한복 대신 양복을 입고 생활해요. 양복은 서양[洋]에서 온 옷[服]으로, 셔츠, 블라우스, 청바지 등이 있지요. 양복은 소매가 좁아 활동하기에 편리하답니다.

양복
洋 服
서양 양 옷 복

백의민족이 뭘까?
소박하고 검소했던 우리 조상들은 아주 오래전부터 흰옷을 즐겨 입었어요. 그래서 우리 민족을 '흰[白] 옷[衣]을 입은 민족[民族]'이라는 뜻인 백의민족으로 불러 왔답니다.

한복   양복

우리나라[韓] 고유의 음식[食]을 한식이라고 해요. 우리나라의 전통 식생활 모습을 살펴보면 밥상에 밥, 국, 찌개, 김치 등 다양한 음식이 한꺼번에 차려지지요.

한식
韓 食
나라 이름 한 음식 식

양식
洋 食
서양 양   음식 식

오늘날에는 서양[洋]에서 들어 온 음식[食]인 양식도 많이 먹어요. 스테이크, 스파게티, 피자, 햄버거 등 고기와 빵을 즐겨 먹는답니다. 요즘에는 양식뿐만 아니라 세계 각국의 음식도 쉽게 먹을 수 있어요.

한식   양식

한옥
韓 屋
나라 이름 한   집 옥

우리 조상은 우리나라[韓] 고유의 집[屋]인 한옥에서 살았어요. 한옥은 자연에서 얻기 쉬운 흙, 나무, 돌 등으로 짓는답니다. 평민들은 짚을 엮어 지붕을 만든 초가집에 살았고, 양반들은 기와를 얹은 기와집에 살았지요.

겨울에는 온돌, 여름에는 마루
우리 조상들은 겨울에는 아궁이에 불을 지펴 따끈히 달군 온돌로 추위를 이겨 내고, 여름에는 나무로 만든 마루에서 바람을 맞으며 시원하게 보냈어요.

양옥
洋 屋
서양 양   집 옥

오늘날 사람들은 서양[洋]식으로 지은 집[屋]인 양옥에서 살지요. 우리나라 한옥은 곡선이 아름답지만, 양옥은 직선이 아름다워요. 또 양옥은 이 층, 삼 층으로 건물을 짓기도 한답니다. 요즘은 더욱 높게 지은 아파트에서 많이 살아요.

한자, 꼬리에 꼬리를 물고

✏️ 한자의 음을 ☐ 안에 써넣어 더 많은 단어를 알아보아요.

식[食] 먹다

1. 마시는 것과 먹는 것을 음☐이라고 하지요.
2. 여러 가지 음식을 먹는 일을 ☐사라고 해요.

주[住] 살다

1. 일정한 땅에 사는 사람들을 ☐민이라고 해요.
2. 사람들이 사는 곳을 ☐소라고 하지요.

음식
飲 마실 음 食 먹을 식

식사
食 먹을 식 事 일 사

주민
住 살 주 民 백성 민

주소
住 살 주 所 곳 소

콕콕! 단어 확인!

✏️ 다음 ☐ 안에 들어갈 알맞은 단어를 보기에서 골라 써 보세요.

| 보기 | 한복 | 한옥 | 양옥 |

1. 설날에 어린이들은 곱게 ☐☐을 차려입고 어른들께 세배하러 다녀요.
2. 할머니께서는 얼마 전 이 층으로 된 ☐☐으로 이사를 하셨어요.
3. ☐☐은 우리나라 고유의 집으로 자연에서 얻은 재료로 집을 지어요.

입고 먹고 자요, **의식주**

문화재의 종류

문화의 보물, 문화재

문화재
文 化 財
글 문   될 화   보물 재

문화란 사람이 살아가며 만든 행동 양식이나 생활 양식 등 전반적인 삶의 모습을 이야기해요. 그렇다면 문화재란 무엇일까요? 재(財)는 '재산, 보물'을 뜻해요. 그래서 문화재는 문화[文化] 활동으로 만들어진 가치가 뛰어난 보물[財]을 말한답니다.

유형 문화재는 보존할 가치가 있는 문화재 가운데 일정한 모양[形]을 가진[有] 문화재[文化財]를 말해요. 무형 문화재는 일정한 모양[形]이 없는[無] 문화재[文化財]를 말하고요.

유형 문화재
有 形 文 化 財
있을 유　모양 형　글 문　될 화　보물 재

무형 문화재
無 形 文 化 財
없을 무　모양 형　글 문　될 화　보물 재

유형 문화재는 건축물, 책, 글씨, 그림, 도자기, 탑처럼 만질 수 있어요. 그러나 무형 문화재는 연극, 음악, 무용, 기술처럼 형체가 없어 만질 수가 없답니다.

유형 문화재 제1호 – 숭례문

무형 문화재 제1호 – 종묘 제례악

기념물은 신기한 동물이나 식물, 옛 무덤처럼 역사적으로 가치가 있어 중요하게[紀] 생각하는[念] 물건[物]을 문화재로 지정한 것이에요. 또 민속자료는 옛사람[民]들의 생활 풍속[俗]을 알려주는 자료[資料]로 옷이나 집, 그릇 같은 물건이 대표적이랍니다.

기념물
紀 念 物
중요할 기　생각할 념　물건 물

민속자료
民 俗 資 料
백성 민　풍속 속　바탕 자　재료 료

난 우리나라 천연기념물이야.

진돗개　　문주란

문화의 보물, 문화재

문화유산
文化遺産
글 문　될 화　남길 유　재산 산

옛 선조가 후세들에게 남겨[遺] 준 문화[文化] 재산[産]을 문화유산이라고 합니다. 원래 유산이란 사람이 죽은 후에 남겨 놓은 재산을 뜻해요. 우리는 미래의 후손들을 위해 조상의 훌륭한 문화유산을 물려받아 소중히 이어 나가야 해요. 우리 문화유산 중에는 그 가치를 인정받아 유네스코 세계 문화유산으로 등재된 것들이 많답니다.

한국의 세계 유산

1. 석굴암·불국사(1995년)
2. 해인사장경판전(1995년)
3. 종묘(1995년)
4. 창덕궁(1997년)
5. 화성(1997년)
6. 경주역사유적지구(2000년)
7. 고창·화순·강화 고인돌유적(2000년)
8. 제주화산섬과 용암동굴(2007년)
9. 조선왕릉(2009년)
10. 하회와 양동(2010년)

한자, 꼬리에 꼬리를 물고

 한자의 음을 ☐ 안에 써넣어 더 많은 단어를 알아보아요.

문[文] 글

1 책의 머리말을 서☐이라고 해요.

2 생각이나 느낌을 글로 표현한 것을 ☐장이라 해요.

서문
序 차례 서　文 글 문

문장
文 글 문　章 글 장

화[化] 되다

1 세력이나 힘이 더 강하고 튼튼해지는 것을 강☐라고 해요.

2 어떤 정도나 경지가 점점 깊어지는 것을 심☐라고 해요.

강화
强 강할 강　化 될 화

심화
深 깊을 심　化 될 화

콕콕! 단어 확인!

 다음 ☐ 안에 알맞은 단어를 써 보세요.

1 문화 활동으로 만들어진 가치가 뛰어난 보물을 ☐☐라고 해요.

2 문화재는 크게 유형 문화재, ☐☐ 문화재, 기념물, 민속자료로 나누어져요.

3 ☐☐☐☐는 옛사람들의 생활 풍속을 알려주는 자료예요.

4 옛 선조가 후세들에게 남겨 준 문화 재산을 문화☐☐이라고 해요.

문화의 보물, 문화재

다양한 교통수단

움직여 옮겨 다녀요, 이동

이동
移 動
옮길 이   움직일 동

부모님께서는 매일 일터로 출·퇴근하시고 우리는 학교까지 등·하교하지요. 또 매년 명절에는 멀리 있는 친척 집을 찾아가기도 해요. 이렇게 이곳에서 저곳으로 움직여[動] 옮겨[移] 다니는 것을 이동이라고 해요.

교통수단
交 通 手 段
서로 교   통할 통   손 수   단계 단

우리 주변에는 이동을 도와주는 버스, 택시, 배, 비행기 등 여러 가지 탈것이 많아요. 이렇게 사람이나 짐이 서로[交] 오가도록[通] 도와주는 도구[手段]를 교통수단이라고 합니다.

가까운 곳은 걸어가기도 하지만 자전거를 이용하기도 해요. 또 버스나 지하철을 타면 적은 비용으로 목적지까지 편리하게 이동할 수 있어요. 원하는 곳까지 한 번에 가려면 승용차나 택시도 많이 이용하지요. 또 차가 다니기 어려운 좁은 길은 오토바이도 아주 편리하답니다. 땅[陸] 위[上]에서 서로[交] 오가는[通] 모든 일을 육상 교통이라고 해요.

육상 교통
陸 上 交 通
육지 륙 위 상 서로 교 통할 통

육상 교통 중 버스나 지하철같이 많은[大] 사람[衆]이 서로[交] 오갈[通] 때 이용하는 교통수단을 대중교통이라고 해요. 주로 도시에 사는 사람들이 대중교통을 이용하여 이동하지요.

대중교통
大 衆 交 通
큰 대 많은 사람 중 서로 교 통할 통

움직여 옮겨 다녀요, 이동

해상 교통
海 上 交 通
바다 해 위 상 서로 교 통할 통

여객선은 사람을 태워 섬과 육지를 오가고, 화물선은 물건을 싣고 여기저기로 이동하지요. 어선은 물고기를 잡으러 바다로 나가고 군함은 나라를 지키려고 순찰을 다닙니다. 이렇게 바다[海] 위[上]에서 서로[交] 오가는[通] 모든 일을 해상 교통이라고 해요.

항공 교통
航 空 交 通
날 항 하늘 공 서로 교 통할 통

비행기는 다른 이동 수단보다 비용이 많이 들지만 가장 빠르지요. 비행기로 하늘[空]을 날아[航] 서로[交] 오가는[通] 일을 항공 교통이라고 해요. 원래 항(航)은 '배'라는 뜻으로 널리 쓰이지만 여기서는 '건너다, 날다'라는 뜻으로 쓰인답니다.

> **조선 시대에는 무엇을 타고 다녔을까?**
> 조선 시대에는 주로 사람들이 말이나 가마를 타고 다녔지요. 가마는 안에 사람이 타고 가마 앞뒤에서 가마채를 들어 이동하였어요. 가마는 모양에 따라 다양한 종류가 있답니다. 또 강을 건널 때는 뗏목을 타기도 하였고 먼 곳까지 갈 때는 돛단배를 타기도 했어요.

한자, 꼬리에 꼬리를 물고

✏️ 한자의 음을 ☐ 안에 써넣어 더 많은 단어를 알아보아요.

대 [大] 크다, 넓다

1 엄청나게 큰 것을 나타낼 때 거☐하다고 하지요.

2 마음이 너그럽고 큰 것을 관☐하다고 해요.

중 [衆] 많은 사람

1 한 곳에 무리지어 모여 있는 사람들을 군☐이라고 해요.

2 운동 경기를 구경하는 사람들을 관☐이라고 해요.

거대
巨 클 거 大 큰 대
관대
寬 너그러울 관 大 넓을 대

군중
群 무리 군 衆 많은 사람 중
관중
觀 볼 관 衆 많은 사람 중

✏️ 다음 ☐ 안에 들어갈 알맞은 단어를 보기에서 골라 써 보세요.

보기   이동   해상   대중

1 이곳에서 저곳으로 움직여 옮겨 다니는 것을 ☐☐이라고 해요.

2 많은 사람이 서로 오갈 때 이용하는 교통수단을 ☐☐교통이라고 해요.

3 바다 위에서 서로 오가는 모든 일을 ☐☐교통이라고 해요.

움직여 옮겨 다녀요, 이동

우리나라 전통 의례

우리나라의 예절, 전통 의례

한 사람이 태어나서 자라고 늙어 죽기까지 성년식, 결혼식, 장례식, 제사 등 수많은 의례를 치른답니다. 의례는 일이 치러지는 의식과 예절로, 어떤 행사를 치르는 일정한 절차를 이야기해요. 사람들은 의례를 치르면서 함께 기뻐하고 슬픔을 나누기도 하지요.

우리나라는 아주 오래전부터 의례를 행하여 왔답니다. 이렇게 예부터 전하여[傳] 내려오는[統] 의례[儀禮]를 전통 의례라고 하지요.

전통 의례
傳 統 儀 禮
전할 전 계통 통 의식 의 예절 례

특히, 우리 조상은 관례, 혼례, 상례, 제례 이 네 가지 전통 의례를 무엇보다 중요하게 생각하며 꼭 지키고 살았어요. 관례, 혼례, 상례, 제례가 무엇인지 함께 알아볼까요?

관례는 태어나 무사히 어른이 되었음을 축하하는 의례예요. 옛날에는 어른이 되면 갓[冠]을 쓰는 의례[禮]인 관례를 치러 줬어요. 여자는 갓 대신 머리에 비녀를 꽂았지요.

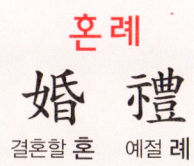

혼례는 남자와 여자가 만나 결혼[婚]을 하는 의례[禮]예요. 신랑과 신부는 부모님과 친척들을 모시고 서로 맞절을 하여 부부가 됐음을 알리지요. 혼례가 치러지는 날에는 동네 사람들도 함께 즐거워하며 축하해 주었답니다. 오늘날의 혼례는 모습이 조금 달라졌지만, 신랑과 신부가 서로 부부가 되었음을 알리고 가족들의 축하를 받는 것은 똑같아요.

우리나라의 예절, **전통 의례**

상례
喪 禮
죽을 상　예절 례

상례는 사람이 죽으면[喪] 장사를 치르는 모든 의례[禮]를 말해요. 옛날에는 부모님께서 돌아가시면 5일이나 7일 동안 상례를 치르며 슬픔을 나누고 서로 위로했어요.

장례
葬 禮
장사지낼 장　예절 례

장례는 장사지내는[葬] 의례[禮]로, 죽은 사람을 묘지에 묻거나 납골당에 모시는 의례를 말해요. 장(葬) 자는 죽은 사람을 풀이 우거진 곳에 묻는 모습에서 유래했대요.

제례
祭 禮
제사 제　예절 례

제례는 돌아가신 조상을 기리기 위해 음식을 차려 놓고 제사[祭]를 지내는 의례[禮]예요. 제례는 돌아가신 다음 해부터 돌아가신 날이나 명절에 지낸답니다. 오늘날엔 옛날보다 절차가 간소해졌지만 제사상을 차리고 조상을 기리는 마음에는 변함이 없답니다.

한자, 꼬리에 꼬리를 물고

 한자의 음을 □ 안에 써넣어 더 많은 단어를 알아보아요.

전 [傳] 전하다

1. 다른 곳으로 전하는 것을 □달이라 하지요.
2. 예로부터 전하여 오는 이야기를 □설이라고 해요.

통 [統] 거느리다, 합치다

1. 군주나 대통령처럼 나라를 다스리는 사람을 □치자라고 해요.
2. 우리의 소원은 남한과 북한이 한 나라가 되는 □일이에요.

전달
傳 전할 전 達 이를 달

전설
傳 전할 전 說 이야기 설

통치자
統 거느릴 통 治 다스릴 치 者 사람 자

통일
統 합칠 통 一 하나 일

다음 □ 안에 알맞은 단어를 써 보세요.

1. 예부터 전하여 내려오는 의례를 □□□라고 해요.
2. □□에서는 남자에게 갓을 씌우고 여자에게 비녀를 꽂아 주지요.
3. □□는 돌아가신 조상을 기리기 위해 음식을 차려 놓고 제사를 지내는 의례예요.

우리나라의 예절, **전통** 의례

우리나라의 명절

해마다 지키는 이름난 날, 명절

명절
名 節
이름날 명   절기 절

명절은 설이나 추석처럼 해마다 지키고 즐기는 이름난[名] 날[節]이에요. 명절에는 오랫동안 보지 못했던 가족과 친척들이 모여 조상께 감사하는 마음으로 차례를 지내지요. 또 맛있는 음식을 나눠 먹으며 즐겁게 지낸답니다.

우리나라 4대 명절은 설날, 추석, 단오, 한식이에요.

설날은 한자로 '원일'이라 하여 한 해 중 가장 으뜸[元]이 되는 날[日]로 여겼답니다. 설에는 어른들께 세배를 드리고 나서 떡국을 먹지요. 또 한 해의 복을 바라는 마음으로 복조리를 달고 윷놀이, 연날리기 등의 놀이를 한답니다.

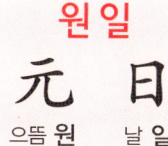

추석은 가을[秋] 저녁[夕] 중 유난히 밝은 달이 뜨는 날이에요. 추석에는 차례를 지내고 송편을 만들어 먹지요. 또 강강술래나 농악 놀이를 한답니다.

중국·일본에도 추석과 비슷한 명절이 있어요. 중국은 중추절에 달 아래서 소원을 빌고 보름달 모양의 월병을 먹어요. 일본은 오봉절에 고향을 방문하고 성묘를 한답니다. 명절의 날짜와 지내는 방법은 조금씩 다르지만, 조상께 감사하고 가족의 건강을 기원하는 마음은 모두 똑같지요.

단오 端午
처음 단 낮 오

단오는 음력 5월의 첫[端] 5[五(午)]일로 한국·중국·일본에서 지키는 명절이에요. 조상들은 농사가 잘되기를 바라는 마음으로 수리취떡, 쑥떡 등을 나눠 먹고 그네뛰기, 씨름 등의 놀이를 하였어요. 여자들은 단옷날 나쁜 귀신을 쫓아내려고 창포물에 머리를 감았답니다.

단오의 이름이 달라졌대요!
단오는 원래 5월의 첫 번째 5일이라는 뜻으로 한자로 '端五'라고 적었어요. 하지만 당나라 현종의 생일이 8월 5일이라 五(다섯 오)자 대신에 午(낮 오)를 써서 '端午'라고 적었답니다.

한식 寒食
찰 한 먹을 식

한식은 찬[寒] 음식을 먹는[食] 날로 이날에는 불을 피우지 않고 찬 음식을 먹는 풍습이 있어요. 그 이유를 알아볼까요? 옛날 중국 진나라 때 개자추라는 사람이 문공에게 충성을 다했어요. 하지만 막상 문공이 왕이 되자 개자추는 아무런 벼슬을 받지 못했지요. 개자추는 실망하여 산으로 들어가 홀로 살았답니다. 훗날 문공이 잘못을 뉘우치고 개자추를 여러 번 불렀으나 개자추는 산에서 꼼짝하지 않았대요. 문공은 산에 불을 지르면 개자추가 나올 것으로 생각했지만 끝내 개자추는 나오지 않고 불타 죽었다고 합니다. 이때부터 사람들은 개자추의 넋을 기리려고 한식날 불을 피우지 않고 찬 음식을 먹는 풍습이 생겼다고 해요.

한자, 꼬리에 꼬리를 물고

 한자의 음을 ☐ 안에 써넣어 더 많은 단어를 알아보아요.

추[秋] 가을

1 가을에 익은 곡식을 거둬들이는 일을 ☐수라고 해요.

2 24절기 중 하나로 가을이 시작되는 절기를 입☐라고 해요.

석[夕] 저녁

1 해가 지기 시작하는 저녁 태양을 ☐양이라고 하지요.

2 저녁에 발행된 신문을 ☐간신문이라고 해요.

추수
秋 가을 추 收 거둘 수

입추
立 설 립 秋 가을 추

석양
夕 저녁 석 陽 볕 양

석간
夕 저녁 석 刊 펴낼 간

 다음 ☐ 안에 알맞은 단어를 써 보세요.

1 설날이나 추석처럼 해마다 지키고 즐기는 이름난 날을 ☐☐이라고 해요.

2 설날은 한 해 중 가장 으뜸이 되는 날로 ☐☐이라 해요.

3 ☐☐에는 송편을 만들어 먹고 강강술래를 해요.

4 ☐☐은 개자추의 넋을 기리려고 찬 음식을 먹는 날이에요.

해마다 지키는 이름난 날, **명절**

물체를 이루는 본바탕, **물질** 138
자석의 힘, **자기력** 142
차갑고 따뜻한 정도, **온도** 146
비의 양을 재는 그릇, **측우기** 150
대기의 모습, **기상** 154
비어 있는 듯 가득 찬 기체, **공기** 158
들에서 사는 동물, **야생 동물** 162
나누어 떨어져라, **분리** 166
빛의 시작점, **광원** 170
안이 잘 보여요, **투명** 174

물체와 물질

물체를 이루는 본바탕, 물질

물체
物 體
물건 물 몸 체

비닐봉지를 비행 물체로 착각했네요. 비행은 '날아가다'라는 뜻인데 물체는 무슨 뜻일까요? 물체란 몸체[體]가 있는 물건[物], 즉 모양을 가지고 자리를 차지하는 물건이에요. 예를 들어 책상, 연필, 필통, 인형, 컵 같은 것들이 모두 물체랍니다.

물체는 여러 가지 재료로 만들어지지요? 인형은 헝겊, 책은 나무, 컵은 유리로 만들어집니다. 물체[物]의 바탕[質]을 이루는 재료인 유리, 플라스틱, 철, 고무 등을 물질이라 하지요.

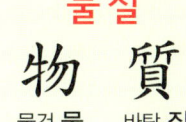

물질

物 質
물건 물 바탕 질

우리 주위에서 볼 수 있는 물질은 고체, 액체, 기체라는 세 가지 상태로 존재해요. 고체는 단단하게 굳어[固] 변하지 않는 몸[體]을 가진 물질이에요. 그래서 그릇을 바꿔 담아도 모양과 크기가 변하지 않지요. 나무나 철, 플라스틱처럼요.

고체

固 體
굳을 고 몸 체

그렇다면 소금, 설탕, 모래와 같은 가루 물질들도 고체일까요? 네, 맞습니다. 가루 알갱이 하나하나는 단단하게 굳어 있는 물질로, 어떤 그릇에 담아도 모양과 크기가 변하지 않아요.

액체
液 體
즙 액 / 몸 체

액체는 **즙[液]처럼 줄줄 흐르는 몸[體]을 가진 물질**이에요. 물, 우유, 주스, 빗물 같은 것들이 있지요. 액체는 고체와 다르게 담는 그릇에 따라 모양이 달라지지만, 양은 변하지 않는답니다. 주스를 유리컵에 담으면 유리컵 모양으로 변하고, 냄비에 담으면 냄비 모양으로 변하지요.

기체
氣 體
공기 기 / 몸 체

기체는 **공기[氣]처럼 눈에 보이지 않는 몸[體]을 가진 물질**이에요. 공기는 보이지도 않고 만져지지도 않아요. 풍선을 불면 풍선이 고르게 부풀게 되는데 그것은 담긴 그릇을 고르게 채우는 기체의 성질 때문이랍니다.

한자, 꼬리에 꼬리를 물고

✏️ 한자의 음을 ☐ 안에 써넣어 더 많은 단어를 알아보아요.

고 [固] 굳다, 단단하다

1. 한번 정해져서 굳어진 것을 ☐정이라고 해요.
2. 단단한 형태를 가지고 있는 것을 ☐형이라고 해요. 예를 들면 ☐형 비누가 있죠.

체 [體] 몸

1. 몸의 힘을 ☐력이라고 해요.
2. 몸의 온도를 ☐온이라고 해요.

고정
固 굳을 고 定 정할 정

고형
固 단단할 고 形 모양 형

체력
體 몸 체 力 힘 력

체온
體 몸 체 溫 온도 온

✏️ 다음 힌트를 참고하여 화살표 방향으로 단어를 완성해 보세요.

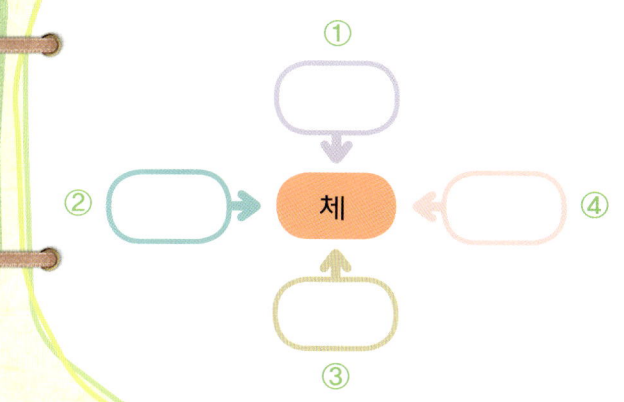

힌트

① 몸체가 있는 물건

② 단단하게 굳어 변하지 않는 몸을 가진 물질

③ 즙처럼 줄줄 흐르는 몸을 가진 물질

④ 공기처럼 눈에 보이지 않는 몸을 가진 물질

물체를 이루는 본바탕, 물질 141

자석의 성질

자석의 힘, 자기력

자석의 극

磁 石 極
자석 자 　돌 석 　끝 극

자석은 자철석이란 돌로 만들어져요. 자철석은 철을 사랑하는 돌이라 쇠붙이만 보면 철커덕하고 붙는답니다. 자석은 양쪽에 N극과 S극이 있어요. 극(極)은 '끝'이라는 뜻으로, 자석[磁石]의 양 끝[極] 부분을 자석의 극이라 하지요. 자석의 극은 힘이 세서 철 클립이 가장 많이 붙는답니다.

자석은 철로 된 물체를 힘껏 끌어당기는데요, 이런 자석[磁]의 기운[氣]과 힘[力]을 자기력이라고 해요. 또 자기력은 같은 극끼리 서로 밀고 다른 극끼리 서로 끌어당기는 힘을 가지고 있답니다.

자기력
磁 氣 力
자석 자 기운 기 힘 력

자석을 클립 쪽으로 가까이 가져가면 클립이 어느 순간 척 하고 붙지요? 자석은 클립과 서로 떨어져 있어도 작용한답니다. 이렇게 자석[磁]의 기운[氣]이 미치는 공간[場]을 자기장이라고 해요. 장(場)은 장터, 시험장, 운동장 등 주로 넓은 장소에 사용된답니다.

자기장
磁 氣 場
자석 자 기운 기 마당 장

왜 N극은 항상 지구의 북쪽을 가리킬까?
지구도 하나의 커다란 자석이기 때문입니다. 지구의 북쪽은 N극을 끌어당기는 S극, 지구의 남쪽은 S극을 끌어당기는 N극으로 되어 있어요. 그러므로 나침반의 N극은 북쪽을, S극은 남쪽을 가리키게 되지요.

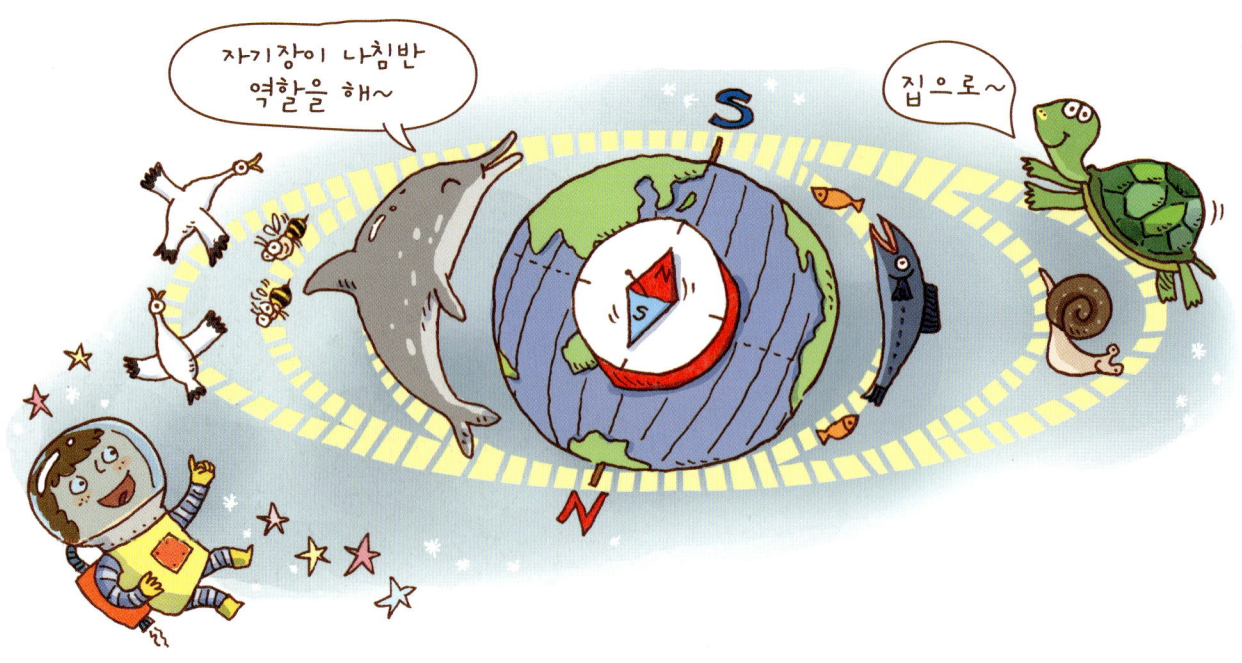

지구는 고유한 자기장을 가지고 있어요. 그래서 나침반뿐만 아니라 꿀벌, 도롱뇽, 달팽이, 돌고래, 연어, 거북, 철새 등 수많은 곤충과 동물이 지구의 자기장을 이용하여 방향을 찾거나 이동합니다.

자화

磁 化
자석 자 　 될 화

못의 끝 부분을 자석으로 문지른 후, 클립을 가까이 가져가 보세요. 그러면 못에 클립이 붙게 되는데요, 철을 자석으로 문지르면 철이 자석의 성질을 띠기 때문이지요. 자석이 아닌 물체가 자석[磁]의 성질을 가지게 되는[化] 것을 자화라고 이야기해요.

한자, 꼬리에 꼬리를 물고

 한자의 음을 □ 안에 써넣어 더 많은 단어를 알아보아요.

장 [場] 마당, 공간

1. 여러 가지 상품을 사고파는 곳을 시□이라고 해요.
2. 어떠한 일이 일어난 장소를 현□이라고 해요.

화 [化] 되다, 변하다

1. 액체가 고체로 변하는 것을 고체□라고 해요.
2. 생물이 조금씩 점점 우수하게 변하는 것을 진□라고 해요.

시장
市 장사 시   場 마당 장

현장
現 나타날 현   場 공간 장

고체화
固 굳을 고   體 몸 체   化 될 화

진화
進 나아갈 진   化 변할 화

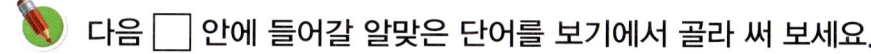

다음 □ 안에 들어갈 알맞은 단어를 보기에서 골라 써 보세요.

| 보기 | 자화 | 자기장 | 자기력 |

1. 자석이 철을 끌어당기는 기운과 힘을 □□□이라고 해요.
2. 자석의 기운이 미치는 공간을 □□□이라고 해요.
3. 자석이 아닌 물체가 자석의 성질을 가지게 되는 것을 □□라고 해요.

자석의 힘, **자기력**

온도와 기온

차갑고 따뜻한 정도, 온도

온도
溫 度
따뜻할 온   정도 도

물체의 차갑고 따뜻한[溫] 정도[度]를 온도라고 합니다. 온(溫)은 커다란 통에 따뜻하게 데운 물을 받아 사람이 목욕하는 모습을 본뜬 글자예요. 후에 '따뜻하다'라는 뜻이 생기게 되었지요.

온도는 우리 생활 주변에서 많이 발견할 수 있어요. 정수기에서도 물의 뜨거운 온도와 차가운 온도를 알 수 있고, 에어컨도 현재 온도를 알려 주지요. 찜질방에서도 온도를 볼 수 있어요.

날씨에도 온도가 쓰이지요. 날씨가 춥거나 더운 것은 공기의 온도가 올라가거나 내려가기 때문이에요. 이때 공기[氣]의 온도[溫]를 기온이라고 합니다. 기온은 하루 동안에도 계속 변하지요. 아침에 해 뜨기 직전이 가장 낮고 점심때 가장 높으며 저녁이 되면 다시 낮아져요.

기온
氣 溫
공기 기 온도 온

일기 예보에서 기온을 얘기할 때 영상 또는 영하라고 말하는 것을 보았을 거예요. 영(零)은 숫자 '0'을 뜻해요. 상(上)은 '위', 하(下)는 '아래'를 뜻하죠. 그러니까 영상은 0[零]℃보다 위[上]인 온도, 영하는 0[零]℃보다 아래[下]인 온도를 말하는 거예요.

영상
零 上
영 령 위 상

영하
零 下
영 령 아래 하

온도계를 알아보자!
온도계는 온도를 측정하는 기구예요. 온도계는 빨간색 액체가 담긴 둥그런 공 모양의 구부, 빨간색 액체가 오르락내리락하는 가느다란 관, 맨 윗고리에 실을 매달 수 있는 머리부로 되어 있어요. 온도계의 빨간색 액체 위치로 온도를 알아보지요. 온도를 측정할 때는 30cm 정도 떨어진 곳에서 눈과 온도를 읽는 부분이 수평이 되도록 한 후 눈금을 읽어야 해요.

차갑고 따뜻한 정도, 온도

공기의 온도 차이 때문에 바람이 분답니다. 바람이란 공기가 이동하는 것을 우리가 느끼는 건데요, 기온이 낮은 곳에서 기온이 높은 곳으로 공기가 이동하기 때문에 바람이 부는 거랍니다.

해풍
海　風
바다 해　바람 풍

햇볕이 쨍쨍한 낮에는 육지 위의 공기가 바다 위의 공기보다 훨씬 뜨거워요. 그래서 육지 위의 공기는 더 위쪽으로 훨훨 올라가 버리고 기온이 차가운 바다 쪽 공기가 육지 쪽으로 이동하게 되지요. 이렇게 바다[海]에서 육지로 부는 바람[風]을 해풍이라고 해요.

육풍
陸　風
육지 륙　바람 풍

밤에는 어떻게 될까요? 해가 지고 나면 땅의 열기는 빨리 식고 바닷물은 천천히 식어요. 그래서 육지의 차가운 공기가 바다 쪽으로 이동하게 되지요. 이것을 육지[陸]에서 바다로 부는 바람[風], 육풍이라고 부른답니다.

한자, 꼬리에 꼬리를 물고

 한자의 음을 □ 안에 써넣어 더 많은 단어를 알아보아요.

온 [溫] 따뜻하다

1. 따뜻한 물이 솟는 샘을 □천이라고 해요.
2. 목욕탕에는 따뜻한 □수와 차가운 냉수가 콸콸콸 나와요.

기 [氣] 공기, 기운

1. 창문을 열면 방 안의 온□가 빠져나가요.
2. 엄마와 아빠가 다투시면 집안에 냉□가 흘러요.

온천
溫 따뜻할 온 泉 샘 천

온수
溫 따뜻할 온 水 물 수

온기
溫 따뜻할 온 氣 공기 기

냉기
冷 찰 랭 氣 기운 기

콕!콕! 단어 확인!

 다음 □ 안에 알맞은 단어를 써 보세요.

1. 물체의 차갑고 따뜻한 정도를 □□라고 해요.
2. 공기의 온도를 □□이라고 해요.
3. 바다에서 육지로 부는 바람을 □□이라 해요.
4. 육지에서 바다로 부는 바람을 □□이라 해요.

차갑고 따뜻한 정도, 온도

측우기와 강수량

비의 양을 재는 그릇, 측우기

우리나라는 세종 대왕 때부터 비가 내린 양을 재는 기구를 설치해서 사용했답니다. 혹시 이름을 알고 있나요?

측우기
測 雨 器
잴측 비우 그릇기

바로 측우기! 비[雨]의 양을 재는[測] 그릇[器]이지요. 원통 모양의 그릇에 빗물을 받은 다음, 자를 넣어서 빗물의 양을 과학적으로 측정하였다고 해요.

측우기가 발명되기 전에도 비의 양을 측정하였답니다. 빗물이 땅에 스며든 깊이를 일일이 조사했는데 같은 양의 비가 와도 부드러운 흙인지, 단단한 흙인지에 따라 그 깊이가 들쑥날쑥하였어요. 그런데 측우기는 그릇에 담긴 빗물을 측정하였기 때문에 어디서든지 일정한 빗물의 양을 알 수 있었답니다.

비의 양을 재는 것이 왜 중요했느냐고요? 비가 적게 오면 농작물이 잘 자라지 못하고 비가 많이 오면 농작물이 물에 잠기기 때문이죠. 그래서 비[雨]가 내린[降] 양[量]을 아는 것이 중요했답니다.

강우량
降雨量
내릴 강 비 우 양 량

강우량은 우량계로 비의 양을 재지요. 우량계는 비[雨]가 내린 양[量]을 세어[計] 보는 기구예요. 세종 대왕 때 발명한 측우기는 세계 최초의 우량계로 알려졌답니다.

우량계
雨量計
비 우 양 량 셀 계

강수량
降水量
내릴 강 · 물 수 · 양 량

하늘에서는 비만 내리는 게 아니에요. 함박눈도 내리고 우박도 내리고 이슬도 내려요. 이것들은 원래 비였으나 땅으로 내려오면서 온도 차이로 모습이 변한 것이랍니다. 비는 물이지요? 눈, 우박, 이슬도 온도가 따뜻해지면 물로 변해요. 이렇게 비뿐만 아니라 눈, 우박 등의 모습으로 땅에 내린[降] 물[水]의 양[量]을 강수량이라고 한답니다.

홍수
洪水
클 홍 · 물 수

우리나라는 여름철에 장마도 오고 태풍도 여러 차례 온답니다. 그래서 비가 많이 내리거나 땅의 높이가 낮은 곳은 홍수가 나기도 해요. 홍수란 큰[洪] 물[水] 난리라는 뜻이에요. 비는 적당히 오면 벼가 잘 자랄 수 있게 도와주지만, 너무 많이 오면 홍수가 나 집이 물에 잠기고 소와 돼지들이 물에 둥둥 떠내려간답니다.

한자, 꼬리에 꼬리를 물고

✏️ 한자의 음을 ☐ 안에 써넣어 더 많은 단어를 알아보아요.

강[降] 내리다

1 위에서 아래로 내리는 것을 하☐이라고 해요.

2 위층과 아래층을 오가는 엘리베이터를 승☐기라고 해요.

우[雨] 비

1 비가 많이 오는 시기를 ☐기라고 해요.

2 비가 오고 나서 대나무 순은 여기저기 솟아오른다고 해요. 그걸 빗대어 어떤 일이 한때에 많이 일어나면 ☐후죽순이라고 하지요.

하강
下 아래 하 降 내릴 강

승강기
昇 오를 승 降 내릴 강 機 기계 기

우기
雨 비 우 期 때 기

우후죽순
雨 비 우 後 뒤 후
竹 대나무 죽 筍 죽순 순

콕콕! 단어 확인!

✏️ 다음 ( ) 안에 알맞은 단어나 뜻을 써 보세요.

단어	뜻
( )	조선 시대 세종 대왕이 만든 비의 양을 재는 그릇
강우량	( )
( )	비, 눈, 우박 등의 모습으로 땅에 내린 물의 양
홍수	( )

날씨와 생활

대기의 모습, 기상

기상

氣 象
대기 기 모양 상

우리나라에는 '제비가 낮게 날면 비가 온다.', '아침에 안개가 끼면 맑다.'와 같은 날씨에 대한 속담들이 많이 있어요. 옛사람들은 주변 자연환경을 통해서 기상을 파악하고 날씨를 예측하였지요. 그런데 기상이란 무엇일까요? 기상은 비, 바람, 구름, 눈처럼 대기[氣]에서 일어나는 다양한 모습[象]을 말해요.

옛날에는 자연환경으로 날씨를 알 수 있었지만, 지금은 날씨를 연구하는 곳이 따로 있어요. 기상[氣象]을 관측, 조사, 연구하는 곳[臺]을 기상대라고 해요.

기상대
氣象臺
대기 기 모양 상 대 대

대(臺)는 '흙을 높이 쌓아서 평평하게 한 곳'인데, 탁 트인 풍경이 한눈에 들어와 사방을 살필 수 있는 곳을 말해요. 기상대는 언제 비가 올지, 태풍이 불지, 기온은 얼마나 올라가는지를 관찰하여 연구하는 곳이랍니다.

기상청은 기상[氣象]을 조사하고 연구하여 알려 주는 관청[廳]을 말해요. 청(廳)은 '관청', 즉 오늘날의 '정부 기관'을 말합니다. 청이 들어간 단어에는 구청, 시청, 경찰청, 교육청 등이 있어요.

기상청
氣象廳
대기 기 모양 상 관청 청

기상청에서는 매일 그날[日]의 기상[氣]을 미리[豫] 알려[報] 주는 일을 해요. 이것을 일기 예보라고 한답니다. 일기 예보는 기상 해설자가 출연하여 방방곡곡 오늘 날씨가 어떠한지 알려 주지요.

일기 예보
日氣豫報
날 일 공기 기 미리 예 알릴 보

기후
氣候
대기 기 / 날씨 후

기상은 시시각각 변하는 잠깐의 대기 현상이지만 기후는 오랜 기간에 걸쳐 나타나는 대기[氣]의 평균 날씨[候]를 말해요. 세계적으로 기후는 열대 기후, 온대 기후, 냉대 기후, 한대 기후 등으로 나누어진답니다.

열대 기후

온대 기후

냉대 기후

한대 기후

한자, 꼬리에 꼬리를 물고

 한자의 음을 ☐ 안에 써넣어 더 많은 단어를 알아보아요.

예 [豫] 미리

1 미리 느끼는 것을 ☐감이라고 해요.
2 미리 알려 주는 것을 ☐고라고 하지요.

보 [報] 알리다

1 어떤 내용이나 결과를 알려 주는 것을 ☐고라고 해요.
2 사건을 신문이나 방송을 통해 여러 사람에게 알리는 것을 ☐도라고 해요.

예감
豫 미리 예　感 느낄 감
예고
豫 미리 예　告 알릴 고

보고
報 알릴 보　告 알릴 고
보도
報 알릴 보　道 말할 도

 콕콕! 단어 확인!

 다음 가로 열쇠와 세로 열쇠를 참고하여 ☐ 안에 알맞은 말을 써 보세요.

1　　｜기｜　　
　　｜기｜　｜대｜
　　｜　｜　｜　｜

가로 열쇠: 대기의 모습을 관측, 조사, 연구하는 곳
세로 열쇠: 대기에서 일어나는 다양한 모습

2　｜예｜　｜　｜
　　｜　｜도｜　｜
　　｜　｜　｜　｜

가로 열쇠: 미리 알려주는 것
세로 열쇠: 사건을 신문이나 방송을 통해 여러 사람에게 알리는 것

대기의 모습, 기상　157

부피를 차지하는 기체

비어 있는 듯 가득 찬 기체, 공기

공기

空 氣
빌 공　기체 기

주변에 오목한 유리컵밖에 없었는데 원숭이는 어떻게 문제를 풀었을까요? 하지만 한 가지가 더 있죠. 냄새도 없고 색깔도 없어 눈으로 볼 수는 없지만 우리 주변에는 '공기'가 가득 차 있답니다. 공기는 비어 있는[空] 듯이 보이지만 주위를 가득 둘러싼 기체[氣]예요.

똑똑한 원숭이는 유리컵 안에 공기가 가득 차 있다는 사실을 알았어요. 그래서 유리컵을 거꾸로 씌워 젖지 않게 종이배를 물속에 넣을 수 있었답니다.

공기가 공간을 차지하기 때문에 우리 생활에 유익한 점이 참 많아요. 공기가 들어간 자동차 바퀴는 충격을 줄여 주는 역할을 한답니다. 그리고 공기가 들어간 과자 봉지는 과자가 부서지지 않도록 도와주지요.

반대로 공기가 비어서 유익한 것도 있어요. 바로 진공청소기예요. 진공청소기의 진공은 '진짜[眞] 비어[空] 있다.'라는 뜻으로, 일정한 공간에 물체나 물질이 거의 들어 있지 않은 상태를 말한답니다.

진공청소기는 회전 날개를 1분에 1만 번 이상 회전시켜 안에 든 공기를 밖으로 뽑아내 내부를 진공 상태로 만들고서 먼지나 찌꺼기를 빨아들이는 원리로 청소한답니다. 또 진공 포장은 비닐 속 공기를 완전히 빼내어 옷과 이불을 상하지 않고 적은 공간에서 보관하도록 도와준답니다.

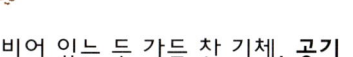

대기
大氣
큰 대 / 공기 기

공기는 지구 주위도 둘러싸고 있는데, 이것을 대기라고 한답니다. 대기는 지구 주변을 커다랗게[大] 둘러싼 공기[氣]지요. 대기에는 여러 가지 기체 중 질소와 산소가 가장 많은 부분을 차지하고 있어요. 그래서 지구에 생명체가 살아갈 수 있답니다.

대기는 땅에서부터 약 1,000km까지 몇 개의 층으로 겹겹이 지구를 덮고 있어요. 이러한 대기의 층을 대기권이라고 한답니다. 권(圈)은 '구역, 범위'라는 뜻으로, 서울과 그 주변 지역을 수도권, 상위 부분을 상위권이라 하지요.

달에도 대기가 있을까?
달은 지구와 달리 대기가 거의 없어 숨 쉬기가 어려워요. 또 태양열을 그대로 받지요. 그래서 낮에는 온도가 영상 100도까지 올라가고 밤에는 온도가 영하 150도까지 내려간답니다.

한자, 꼬리에 꼬리를 물고

✏️ 한자의 음을 ☐ 안에 써넣어 더 많은 단어를 알아보아요.

진 [眞] 참, 진짜

1. 거짓이 없는 참된 마음을 ☐심 이라고 해요.
2. 사물을 진짜와 똑같이 찍어 내는 것을 사☐ 이라고 해요.

공 [空] 비다, 하늘

1. 글씨를 쓰거나 그림을 그리도록 비어 있는 책을 ☐책 이라고 해요.
2. 하늘을 지키는 군인을 ☐군 이라고 해요.

진심
眞 참 진 心 마음 심

사진
寫 베낄 사 眞 진짜 진

공책
空 빌 공 冊 책 책

공군
空 하늘 공 軍 군사 군

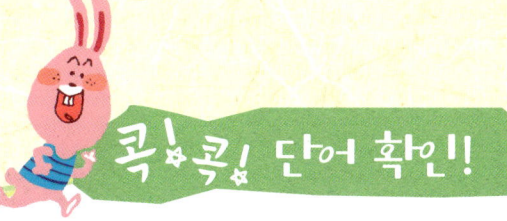

✏️ 다음 단어의 설명이 맞으면 ○를, 틀리면 ✕를 해 보세요.

1. 진공: 진짜 공기 (   )

2. 대기: 지구 주변을 커다랗게 둘러싼 공기 (   )

✏️ 다음 ☐ 안에 공통으로 들어갈 단어를 써 보세요.

후~후 튜브 안으로 ☐☐가 들어가요. 이제 수영을 못해도 괜찮아요.

☐☐로 꽉 찬 튜브가 물 위로 둥둥 뜰 테니까요.

비어 있는 듯 가득 찬 기체, 공기

애완동물과 야생 동물

들에서 사는 동물, 야생 동물

동물
動 物
움직일 동 생물 물

세상에는 수많은 동물이 살고 있지요? 비둘기, 사자, 호랑이, 개, 토끼 등 살아 움직이는[動] 모든 생물[物]을 동물이라고 해요. 친구 집을 방문하면 강아지나 고양이를 쉽게 볼 수 있지요? 요즘은 앵무새나 도마뱀도 집에서 키우기도 해요.

애완동물
愛 玩 動 物
사랑할 애 즐길 완 움직일 동 생물 물

이렇게 집에서 키우는 동물을 애완동물이라고 한답니다. 너무 사랑해서[愛] 가까이 두고 보거나 즐기는[玩] 동물[動物]이지요. 애완동물은 우리가 사랑하고 보살펴야 하는 동물이랍니다.

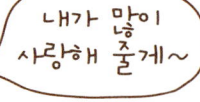

집에서 사랑으로 보살피는 동물이 애완동물이라면 밖에서 살아가는 동물은 야생 동물이라 해요. 야생이라는 말은 텔레비전 프로그램에도 자주 등장하는 말이지요? 야(野)는 밭이 있는 땅이나 '들'을 뜻해요. 생(生)은 '태어나다'라는 뜻과 함께 '살다'라는 뜻도 있어요. 그러니까 야생 동물은 산이나 들[野]에서 나고 사는[生] 동물[動物]을 말한답니다. 야생 동물에는 고라니, 다람쥐, 도롱뇽, 멧돼지, 늑대 등이 있어요.

야생 동물
野 生 動 物
들 야   살 생   움직일 동   생물 물

다양한 동물의 종류

포유류	새끼를 낳아 젖[乳]을 먹여[哺] 기르는 무리[類] – 개, 고래, 호랑이, 사자, 돼지, 사람 등
어 류	아가미로 호흡하고 지느러미가 있는 물고기[魚] 무리[類] – 상어, 메기, 금붕어 등
양서류	폐와 피부로 호흡할 수 있어 땅과 물, 두[兩] 곳에서 살[棲] 수 있는 무리[類] – 개구리, 도롱뇽, 두꺼비 등
조 류	날개가 있어 하늘을 나는 새[鳥] 무리[類] – 갈매기, 참새, 독수리, 매, 비둘기 등
파충류	땅을 기어[爬] 다니는 벌레[蟲]처럼 생긴 무리[類] – 뱀, 악어, 도마뱀, 거북이 등

우리 집 주소는 산 1번지야.

산과 들에서 태어났어.

들에서 사는 동물, **야생 동물**

서식지
棲息地
살 서 살 식 땅 지

야생 동물들이 사는 곳을 서식지라고 해요. 서식지란 주로 동물이 사는[棲息] 땅[地]을 말한답니다.
충청남도 연기군은 백로 서식지로 유명하죠. 이른 봄부터 늦가을까지 우리나라에 서식하는데, 주로 소나무, 은행나무에서 단체로 서식한대요. 요즘은 환경 오염 때문에 백로 수가 줄었다니 안타까워요.

백로

적응
適應
맞을 적 응할 응

그럼 서식지에 따른 동물들의 생김새를 살펴볼까요? 북극에 사는 여우와 사막에 사는 여우는 그 생김새가 서로 달라요. 주변 환경에 적응해서 살아가느라 조금씩 모습이 변했기 때문이죠. 주어진 상황에 맞추어[適] 서로 어울리도록[應] 변하는 것을 적응이라고 생각하면 쉽겠네요.

북극여우는 추위에 적응하느라 체온을 뺏기지 않으려고 작은 귀와 긴 털을 가지고 있어요.

사막여우는 더위에 적응하느라 몸 안의 더운 열이 밖으로 잘 빠져나갈 수 있는 큰 귀와 짧은 털을 가지고 있어요.

한자, 꼬리에 꼬리를 물고

 한자의 음을 ☐ 안에 써넣어 더 많은 단어를 알아보아요.

애 [愛] 사랑하다

1. 윤봉길 의사는 나라를 사랑하는 ☐국자예요.
2. 사랑하며 기르는 개를 ☐견이라 하지요.

야 [野] 들

1. 호남에 있는 평평하게 넓은 들을 평☐라고 해요.
2. 휴일에는 도시에서 조금 떨어진 ☐외로 놀러 가지요.

애국자
愛 사랑할 애 國 나라 국 者 사람 자

애견
愛 사랑할 애 犬 개 견

평야
平 평평할 평 野 들 야

야외
野 들 야 外 바깥 외

콕콕! 단어 확인!!

 다음 ☐ 안에 알맞은 단어를 써 보세요.

1. 살아 움직이는 모든 생물을 ☐☐이라 해요.

2. ☐☐☐은 산이나 들에서 나고 사는 동물이지요.

3. 충청남도 연기군은 백로 ☐☐☐로 유명해요. 이른 봄부터 늦가을까지 우리나라에 서식하지요.

4. 북극여우는 추위에 ☐☐하느라 작은 귀와 긴 털을 가지고 있어요.

혼합물의 분리

나누어 떨어져라, 분리

혼합물
混合物
섞을 혼 합할 합 물질 물

엄마는 저녁밥을 하시려고 콩과 흰쌀, 이 두 가지 물질을 서로 섞으셨어요. 여러 가지 물질을 뒤섞어서[混] 한데 합친[合] 물질[物]을 혼합물이라고 한답니다. 혼(混)은 '뒤섞이다'라는 뜻으로, '전화기가 혼선되다.', '남녀 성별이 섞인 혼성 그룹'이라는 말에서도 쓰여요.

분리
分離
나눌 분 떼놓을 리

두 물질을 서로 섞기는 쉽지만, 따로 떼어 내기도 쉬울까요? 한데 섞인 혼합물을 나누어[分] 떼어 내는[離] 것을 분리라고 해요. 혼합물 속에 있는 각각의 물질의 성질을 이용하면 쉽게 분리할 수 있지요.

콩과 쌀이 서로 섞여 고민하는 엄마를 위해 준호는 체를 준비했어요. 왜냐하면, 콩과 쌀의 크기가 서로 다르다는 것을 알아챘던 거죠. 체에 나 있는 구멍보다 큰 콩은 체 위에 남게 되고 구멍보다 작은 쌀알은 체 아래로 떨어지게 된답니다.

분리와 혼동하기 쉬운 말로는 분류가 있어요. 분류도 한데 섞여 있는 물질을 나눌 때 사용하는 말인데 분리와 어떤 차이점이 있을까요? 분류는 비슷한 종류[類]끼리 모아 나누는[分] 것을 말해요. 예를 들어 도서관에서 책을 정리할 때 책의 종류에 따라 시, 소설, 잡지, 과학서 등으로 나누어 정리하지요? 바로 이런 것을 분류라고 하는 거예요.

분류

分 類

나눌 분　종류 류

나누어 떨어져라, **분리**

콩과 쌀알은 알갱이 크기로 분리할 수 있었지만, 바닷물에서 소금은 어떻게 분리할까요? 바닷물에서 소금을 얻으려면 물을 증발시켜야 해요.

증발
蒸 發
기체 증　일어날 발

증발은 액체가 기체[蒸]가 되어 일어나[發] 날아가는 현상을 말한답니다. 시간이 지나 바닷물에서 물이 다 증발하면 하얀 가루만 남게 돼요. 바로 이 고체가 소금이랍니다.

가열
加 熱
더할 가　열 열

여기서 잠깐!! 물이 자연히 증발하려면 시간이 너무 오래 걸려요. 시간을 줄이려면 물을 가열해야 한답니다. 가열은 어떤 물질에 열[熱]을 더하는[加] 것이지요.

낟알을 분리해 주는 풍구
풍구는 바람을 이용해서 낟알과 쭉정이를 분리해 주는 농민들의 편리한 농기구였어요. 나무로 만든 둥근 통을 돌리면 큰 바람이 일어나 가벼운 낟알이나 쭉정이는 날려 옆으로 빠지고 무거운 낟알만 아래로 골라진답니다.

한자, 꼬리에 꼬리를 물고

 한자의 음을 □ 안에 써넣어 더 많은 단어를 알아보아요.

분[分] 나누다

1 전체를 몇으로 나눈 것 중의 하나를 부□이라고 해요.

2 따로따로 갈라 경계를 나누는 것을 구□이라고 해요.

류[類] 무리

1 날개가 있고 다리가 둘이며 입이 부리로 되어 있는 무리를 조□라고 하지요.

2 사람을 다른 동물과 구별하여 인□라고 해요.

부분
部 부분 부　分 나눌 분
구분
區 경계 구　分 나눌 분

조류
鳥 새 조　類 무리 류
인류
人 사람 인　類 무리 류

콕! 콕! 단어 확인!

 다음 설명의 알맞은 단어에 ○ 해 보세요.

1 여러 가지 물질을 뒤섞어서 한데 합친 물질을 (혼합물/순물질)이라고 해요.

2 비슷한 종류끼리 모아 나누는 것을 (분리/분류)라고 해요.

3 액체가 기체가 되어 일어나 날아가는 현상을 (증발/증가)라고 해요.

4 어떤 물질에 열을 더하는 것을 (첨가/가열)이라고 해요.

나누어 떨어져라, 분리

광원과 다양한 전등

빛의 시작점, 광원

광원

光　源
빛 광　시작 원

광(光)은 길을 환하게 비추려고 불을 머리에 인 사람을 본떠 글자를 만들었대요. 그래서 '빛'이라는 뜻을 가졌답니다. 원(源)은 절벽의 돌 틈 사이로 솟구쳐 흐르는 샘물을 보고 글자를 만들었대요. 물이 처음 시작되는 곳이라 '근원'이라는 뜻을 뒀답니다. 그러니까 광원은 빛[光]이 처음 시작[源]되는 곳, 즉 스스로 빛을 내는 물체를 이야기해요.

우리가 잘 아는 광원에는 무엇이 있나요? 가장 대표적인 것이 태양이지요. 태양은 하늘을 비추는 거대한[太] 빛[陽]이라 지구뿐만 아니라 온 우주를 밝혀 준답니다. 만약 태양이 없다면 어떨까요? 태양 덕분에 우리는 밝은 곳에서 생활할 수 있고 따뜻하게 살 수 있답니다.

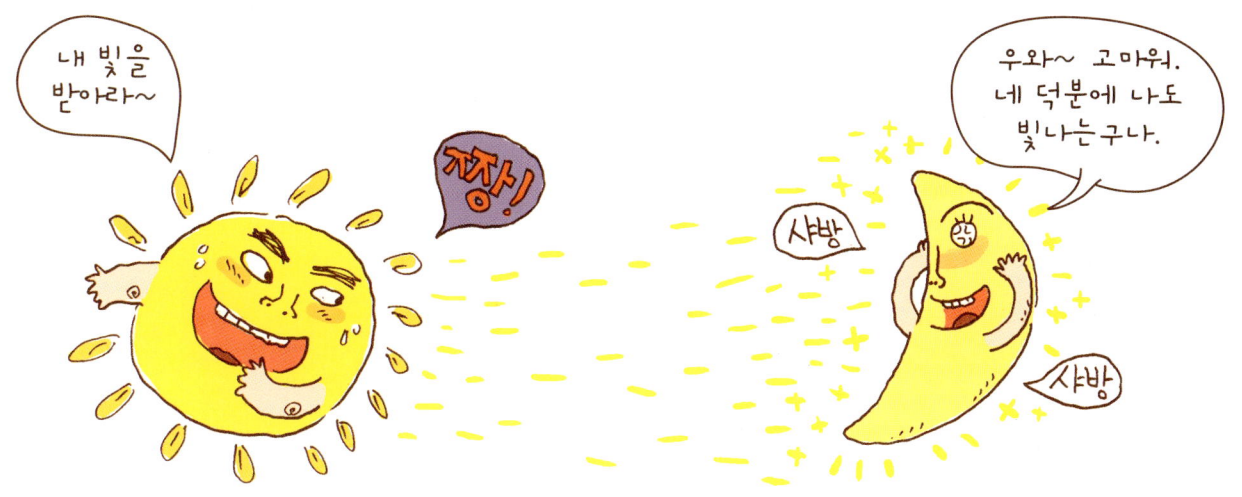

달은 광원일까, 아닐까?
달도 빛나니까 광원이 아니냐고요? 광원은 스스로 빛을 내는 물체를 말해요. 그런데 달은 태양빛을 반사해 빛을 내는 것이지 스스로 빛을 내지 못해요. 그래서 달은 절대로 광원이 되지 못한답니다.

우리 주위의 가장 가까운 광원은 전등이에요. 왜 전등이 광원이냐고요? 빛을 내는 물체는 모두 광원이 될 수 있으니까요. 전등은 전기로 빛을 내니까 광원이 되는 거예요.

전(電)은 비가 내릴 때 치는 '번개'를 뜻하기도 하고 '전기'를 뜻하기도 해요. 등(燈)은 촛불을 켜서 어두운 곳을 밝히는 '등'을 뜻하지만, 요즘은 어두운 곳을 밝히는 모든 기구를 뜻하지요. 따라서 전등은 전기[電]의 힘으로 밝은 빛을 내는 등[燈]을 말해요.

백열등
白 熱 燈
흰 **백** 더울 **열** 등 **등**

전등은 크게 화장실에서 사용하는 백열등과 방 안에서 사용하는 형광등으로 나눠요. 백열등은 유리 안에 필라멘트를 넣어 빛을 밝히는 등이에요. 그런데 왜 이름이 백열등일까요? 백열등은 필라멘트에 약 3,000°C의 높은 전류를 흘려 그 열로 빛을 밝혀요. 이때 백열전구를 만지면 너무 뜨거워 손을 델 수도 있답니다. 이렇게 흰빛[白]이 날 만큼 높은 열[熱]을 내는 전등[燈]을 백열등이라고 하지요.

형광등
螢 光 燈
반딧불이 **형** 빛 **광** 등 **등**

형광등은 백열등의 단점인 뜨거움을 줄인 발명품이랍니다. 1938년 미국의 제너럴 일렉트릭사(社)에서는 반딧불이의 뜨겁지 않은 불빛에 착안하여 전구 안에 형광 물질을 발라 뜨겁지 않은 전등을 만들었어요. 이것이 반딧불이[螢]처럼 뜨겁지 않게 빛[光]을 내는 전등[燈]인 형광등이랍니다.

한자, 꼬리에 꼬리를 물고

한자의 음을 □ 안에 써넣어 더 많은 단어를 알아보아요.

광 [光] 빛

1 독일의 작곡가 베토벤의 월□ 소나타는 유명한 피아노곡이에요.

2 여름철 바닷가에서는 따가운 직사□선을 피해야 해요.

원 [源] 근원

1 전기용품을 사용하고 나서는 꼭 전□을 꺼야 해요.

2 사우디아라비아는 천연자□이 풍부해요.

월광
月 달 월   光 빛 광

직사광선
直 곧을 직   射 쏠 사
光 빛 광   線 줄 선

전원
電 전기 전   源 근원 원

천연자원
天 하늘 천   然 그러할 연
資 바탕 자   源 근원 원

콕콕! 단어 확인!

다음 □ 안에 알맞은 단어를 써 보세요.

1 빛이 처음 시작되는 곳, 즉 빛을 내는 물체를 □□이라고 해요.

2 흰빛이 날 만큼 높은 열을 내는 전등을 □□□이라고 해요.

다음 중 광원인 것에 ○ 해 보세요.

투명한 정도에 따른 다양한 물체

안이 잘 보여요, 투명

하늘의 해[日]와 달[月]은 이 세상을 밝게 비춘답니다. 이 해와 달이 서로 함께하면 더 밝은 빛을 내겠지요? 그래서 명(明)은 '밝다'라는 뜻을 가진답니다. 명(明) 자가 쓰이는 단어가 참 많은데요, 우선 투명이라는 단어를 살펴보아요.

투명
透 明
통과할 투　밝을 명

투명은 빛이 통과하여[透] 속이 밝게[明] 보이는 것을 말해요. 파리는 유리창 안의 수박을 뚜렷하게 보았지요? 그것은 유리창이 안을 밝게 보여 주는 투명한 물체이기 때문이에요. 그래서 파리는 창문이 있는 줄 모르고 돌진하게 된 것이죠. 옆의 그림에서 투명한 물체를 살펴볼까요?

투명의 반대말은 불투명이랍니다. 불투명은 빛이 통과하지[透] 못해 안이 밝지[明] 않은[不] 것을 말해요. 자, 그럼 책을 눈앞에 대어 볼까요? 책 뒤에 있는 물건들이 보이지 않을 거예요. 왜냐하면, 책은 빛이 통과하지 못하는 불투명한 물체이기 때문이죠.

생각해 보세요. 모든 물체가 다 투명하다면 속이 훤히 보일 테니까 너무 어지러울 거예요. 또 만약 우리 옷까지 전부 투명하다면? 불투명한 물체들이 있어 얼마나 다행인지 몰라요.

불투명
不透明
아니 **불** 통과할 **투** 밝을 **명**

반투명
半 透 明
절반 반 통과할 통 밝을 명

반투명한 물체도 있지요? 반투명의 반(半)은 '절반'이라는 뜻으로, 소[牛]를 둘로 나누는[八] 모습에서 글자가 생겼대요. 그러니까 반투명은 빛이 절반[半]만 통과하여[透] 안이 조금만 밝은[明] 것을 말해요.

조명
照 明
비출 조 밝을 명

빛이 없어 물체 안이 보이지 않을 때는 어떻게 해야 할까요? 조명을 비추면 되지요! 조명은 빛을 비춰[照] 밝게[明] 하는 도구를 말해요. 우리 집을 비춰 주는 조명에는 형광등, 백열등, 책상 전등 등이 있어요. 그리고 길거리에는 가로등이 있고, 공연할 때는 색색의 무대 조명이 있지요.

한자, 꼬리에 꼬리를 물고

 한자의 음을 ☐ 안에 써넣어 더 많은 단어를 알아보아요.

조 [照] 햇빛, 비추다

1 저녁에 지는 햇빛을 만☐라고 해요.

2 햇볕이 내리쬐는 것을 일☐라고 해요.

> 만조
> 晩 저물 만 照 햇빛 조
> 일조
> 日 해 일 照 비출 조

명 [明] 밝다

1 맑고 깨끗한 하늘을 청☐하다고 표현해요.

2 다른 사람에게 나의 의견을 분명히 말하는 것을 설☐이라고 해요.

> 청명
> 淸 맑을 청 明 밝을 명
> 설명
> 說 말 설 明 밝을 명

콕콕! 단어 확인!

 다음 ☐ 안에 알맞은 말을 써넣어 단어를 완성해 보세요.

1 ☐명: 빛이 통과하여 속이 밝게 보이는 것

2 ☐투명: 빛이 통과하지 못해 안이 밝지 않은 것

3 ☐투명: 빛이 절반만 통과하여 안이 조금만 밝은 것

다음 물건 중 투명한 것을 골라 보세요.

| 유리컵 책 안경 어항 종이컵 |

단어 **속뜻**과 **정답**　180
과목별 찾아보기　190
가나다 찾아보기　193

국어

예부터 전해 오는 동화, 전래 동화 — 15쪽

한자, 꼬리에 꼬리를 물고

- **전염** 병이 다른 사람에게 전하여[傳] 옮겨[染] 감
- **전수** 재능이나 지식을 전해[傳] 받는[受] 것
- **미래** 아직 오지[來] 않은[未] 때
- **거래** 물건을 팔거나[去] 사는[來] 것

콕! 콕! 단어 확인!

1. ○   2. ×

배경

중심이 되는 문제, 주제 — 19쪽

한자, 꼬리에 꼬리를 물고

- **세포** 생물체를 구성하는 가장 작고 세밀한[細] 단위[胞]
- **자세** 아주 작은 부분까지 구체적[仔細]이고 분명함
- **내부** 몸이나 물체의 안쪽[內] 부분[部]
- **부품** 기계의 한 부분[部]에 사용되는 물품[品]

콕! 콕! 단어 확인!

1. 주제   2. 문단
3. 내용   4. 세부 내용

실제로 있었던 일, 사실 — 23쪽

한자, 꼬리에 꼬리를 물고

- **홍보** 널리[弘] 알림[報]
- **예보** 앞으로 일을 미리[豫] 생각해서 알림[報]
- **경고** 어떤 것을 경계하라고[警] 알리는[告] 것
- **고백** 숨겼던 일을 솔직하게 알려서[告] 말하는[白] 것

콕! 콕! 단어 확인!

1. 의   2. 설명   3. 전기
소설, 시, 동화

방법을 밝혀 말하는 책, 설명서 — 27쪽

한자, 꼬리에 꼬리를 물고

- **연설** 여러 사람 앞에서 자기의 주장을 펴는[演] 말[說]
- **해설** 뜻을 알기 쉽게 풀어[解] 말하는[說] 것
- **청명** 맑고[淸] 밝음[明]
- **현명** 마음이 어질고[賢] 밝은[明] 것

콕! 콕! 단어 확인!

1. 설명서   2. 안내문
3. 독서 감상문

담담하게 풀어쓴 문장, 평서문 — 31쪽

한자, 꼬리에 꼬리를 물고

- **의심** 믿지 못하고 의심하는[疑] 마음[心]
- **혐의** 범죄를 저지른 사실이 있을 것으로 의심함[嫌疑]
- **문안** 웃어른에게 안부[安]를 여쭤[問] 보는 것
- **문답** 서로 묻고[問] 대답하는[答] 것

콕! 콕! 단어 확인!

 1. 평서문　　2. 권유문
　　1. 의문문　　2. 감탄문

어울려 쓰는 말, 호응 — 35쪽

한자, 꼬리에 꼬리를 물고

- **호명** 이름을[名] 부름[呼]
- **호흡** 공기를 들이마시고[吸] 내쉼[呼]
- **적응** 주변 환경에 맞게[適] 응하여[應] 변하는 것
- **응원** 곁에서 호응하여[應] 도와줌[援]

콕! 콕! 단어 확인!

 1. 원인　　2. 접속사
엄마 품처럼　•　　•　훨훨 날아다닐 것이다.
내가 만약 새라면　•　　•　포근하다.

평범한 사람들의 말, 속담 — 39쪽

한자, 꼬리에 꼬리를 물고

- **언쟁** 말[言]로 다투는[爭] 것
- **조언** 도움[助]이 되도록 깨우쳐 주는 말[言]
- **진행** 일을 처리해 나아가는[進行] 것
- **행사** 많은 사람이 모여서 행하는[行] 중요한 일[事]

콕! 콕! 단어 확인!

 1. 속담　　2. 훈화
　　3. 경청　　4. 언행일치

맑은 목소리로 읊어요, 낭송 — 43쪽

한자, 꼬리에 꼬리를 물고

- **해결** 복잡한 일을 풀어서[解] 잘 판단하여[決] 처리하는 것
- **해답** 어떤 문제를 풀어[解] 놓은 답[答]
- **성선설** 인간의 본래 성품[性]이 착하다[善]고 주장하는 말[說]
- **설득** 말[說]로 설명하여 다른 사람의 마음을 얻는[得] 것

콕! 콕! 단어 확인!

 1. ✕　　2. ○
　　3. ✕　　4. ✕

같은 소리 다른 뜻, 동음이의어   47쪽

한자, 꼬리에 꼬리를 물고

- **외교관** 외국[外]에 머무르며 다른 나라와 교류[交]하는 일을 맡아 하는 관리[官]
- **예외** 일반적인 규칙이나 규정[例]에서 벗어난[外] 것
- **초래** 어떤 결과를 불러[招]오는[來] 것
- **왕래** 서로 오고[來] 가는[往] 것

콕! 콕! 단어 확인!

1. 동음이의어   2. 고유어
3. 관용구

헤아려 셈하지요, 계산   53쪽

한자, 꼬리에 꼬리를 물고

- **환전** 종류가 다른 돈[錢]으로 서로 바꾸는[換] 것
- **환기** 탁한 공기[氣]를 빼고 맑은 공기[氣]로 바꿈[換]
- **합산** 합하여[合] 계산[算]하는 것
- **사칙 연산** 덧셈, 뺄셈, 곱셈, 나눗셈의 네[四] 가지 규칙[則]에 따라 계산[演算]하는 것

콕! 콕! 단어 확인!

1. 필산   2. 암산
3. 검산   4. 환산

뿔처럼 생긴 모서리, 각   57쪽

한자, 꼬리에 꼬리를 물고

- **평야** 평평하고[平] 넓은 들[野]
- **수평선** 하늘과 바닷물[水]이 맞닿아 평평하게[平] 생긴 경계선[線]
- **면접** 얼굴[面]을 마주 대함[接]
- **면적** 표면[面]의 넓이[積]

콕! 콕! 단어 확인!

1. 각   2. 직각

직각 삼각형, 정사각형, 직사각형

각의 벌어진 정도, 각도   61쪽

한자, 꼬리에 꼬리를 물고

- **두각** 짐승의 머리[頭]에 있는 뿔[角], 즉 뛰어난 재능
- **시각** 사물을 보는[視] 관점이나 각도[角]
- **속도** 움직이는 사물의 빠른[速] 정도[度]
- **습도** 축축한[濕] 정도[度]

콕! 콕! 단어 확인!

1. 각도   2. 내각, 외각

47

수학

선의 한 부분, 선분 (65쪽)

한자, 꼬리에 꼬리를 물고

- **혼선** 전파[線]가 서로 뒤섞여[混] 엉클어지는 것
- **무선** 전선[線] 없이[無] 전파로 연결함
- **해변** 바닷가[海]의 가장자리[邊]
- **주변** 주위[周]의 가장자리[邊]

콕! 콕! 단어 확인!

 1. 선분   2. 직선

 변, 대각선

수를 나누자, 분수 (69쪽)

한자, 꼬리에 꼬리를 물고

- **분석** 어떤 것을 성질에 따라 나누어[分] 쪼개어[析] 보는 것
- **충분** 나눔[分]의 정도가 모자람이 없이 가득 참[充]
- **대다수** 전체의 크고[大] 많은[多] 부분을 차지하는 수[數]
- **과반수** 반[半]이 넘는[過] 수[數]

콕! 콕! 단어 확인!

 1. 분수   2. 분자, 분모

 <

시각과 시각 사이, 시간 (73쪽)

한자, 꼬리에 꼬리를 물고

- **일시** 날짜[日]와 시간[時]
- **동시** 같은[同] 시간[時]
- **침엽수** 바늘[針]처럼 잎[葉]이 뾰족한 나무[樹]
- **독침** 독[毒]이 든 바늘[針]

콕! 콕! 단어 확인!

 1. 시각   2. 시간

     3. 시침

둥글게 둥글게, 원 (77쪽)

한자, 꼬리에 꼬리를 물고

- **원만** 성격이 모난 데 없이 둥글고[圓] 가득[滿] 찬 것처럼 넉넉함
- **반원** 둥근 원[圓]의 반[半]쪽
- **정직** 바르고[正] 곧은[直] 마음
- **직후** 바로[直] 뒤[後]

콕! 콕! 단어 확인!

 1. 원   2. 직경

 원의 중심, 반지름, 지름

단어 속뜻과 정답 **183**

견주어 살펴보는 것, 비교 — 81쪽

한자, 꼬리에 꼬리를 물고

- **평등** 차별 없이 고르게[平] 같은[等] 것
- **대등** 양쪽이 마주하여[對] 서로 같음[等]
- **암호** 남몰래[暗] 쓰는 부호[號]
- **구호** 입[口]을 모아 함께 외치는[號] 간단한 문구

콕! 콕! 단어 확인!

 1. 비교   2. 부등호

 <, <

1보다 작은 수, 소수 — 85쪽

한자, 꼬리에 꼬리를 물고

- **지도** 땅[地]의 모습을 그림[圖]으로 나타낸 것
- **약도** 간략하게[略] 줄여서 중요한 것만 그린 지도[圖]
- **표지** 책의 겉[表] 종이[紙]
- **지표면** 땅[地]의 겉[表] 면[面]

콕! 콕! 단어 확인!

 1. 소수   2. 도표

 7

땅을 그린 그림, 지도 — 91쪽

한자, 꼬리에 꼬리를 물고

- **지하수** 빗물이 땅[地] 아래로[下] 스며들어 고인 물[水]
- **지진** 땅이[地] 흔들리고[震] 갈라지는 현상
- **도형** 삼각형, 사각형, 원 같은 그림[圖]의 모양[形]
- **도서** 그림[圖], 글씨, 책[書] 등을 통틀어 말하는 것

콕! 콕! 단어 확인!

 1. 지도   2. 사방위
　　3. 나침반   4. 기호

다양한 지형, 다양한 생활 모습 — 95쪽

한자, 꼬리에 꼬리를 물고

- **해초** 바다[海]에서 나는 풀[草]
- **불로초** 먹으면 늙지[老] 않는다는[不] 풀[草]
- **원산지** 물건이 처음[原] 만들어진[産] 곳[地]
- **원칙** 많은 경우에 적용되는 근본[原]이 되는 법칙[則]

콕! 콕! 단어 확인!

 1. 고원   2. 초원
　　3. 평원   4. 수상

다양한 기후, 다양한 생활 모습　99쪽

한자, 꼬리에 꼬리를 물고

- **온난화** 지구 기온이 올라가 따뜻하게[溫暖] 되는[化] 현상
- **온유** 마음이 온화하고[溫] 부드러운[柔] 것
- **급랭** 뜨거운 것을 급히[急] 차게[冷] 만드는 것
- **냉소** 차가운[冷] 태도로 비웃는[笑] 것

콕! 콕! 단어 확인!

1. 기후　　　2. 건조
3. 한대

나고 만든 물건, 생산물　103쪽

한자, 꼬리에 꼬리를 물고

- **농민** 농사[農]를 짓는 사람[民]
- **농작물** 논밭에 심어[農] 기르는[作] 곡식이나 채소 같은 식물[物]
- **민속촌** 옛사람들[民]의 풍습[俗]을 보여 주는 마을[村]
- **선수촌** 올림픽 경기 등을 위해 선수[選手]들에게 특별히 마련된 숙소[村]

콕! 콕! 단어 확인!

1. 생산물　　　2. 임산물
3. 어촌　　　　4. 교류

꾸준히 하는 일, 직업　107쪽

한자, 꼬리에 꼬리를 물고

- **제품** 원료로 만든[製] 물건[品]
- **복제** 딱 겹쳐지게[複] 똑같이 만든[製] 것
- **위조** 진짜와 비슷한 가짜[僞]를 만드는[造] 것
- **조선소** 배[船]를 만드는[造] 곳[所]

콕! 콕! 단어 확인!

1. 자연, 인문　　2. 임업
3. 운수업　　　4. 판매업

여럿이 함께 쓰는 곳, 공공장소　111쪽

한자, 꼬리에 꼬리를 물고

- **공정** 공평하고[公] 올바른[正] 것
- **공원** 여러[公] 사람들이 이용하도록 나라에서 설치한 정원[園]
- **공감** 다른 사람과 똑같이[共] 느낌[感]
- **공유** 다른 사람과 함께[共] 가짐[有]

콕! 콕! 단어 확인!

1. 공공장소　　2. 공중도덕
3. 중심지

옛사람이 남긴 물건, 유물 — 115쪽

한자, 꼬리에 꼬리를 물고

- **후유증** 병을 앓고 난 뒤[後]에 남아 있는[遺] 증상[症]
- **유산** 전대 사람들이 남겨 놓은[遺] 재산[産]
- **박물관** 유물[物]이나 자료를 널리[博] 모아 보관하는 집[館]
- **건물** 땅 위에 세운[建] 집 등의 사물[物]

콕! 콕! 단어 확인!

1. 유물   2. 유적
3. 답사   4. 지명

입고 먹고 자요, 의식주 — 119쪽

한자, 꼬리에 꼬리를 물고

- **음식** 마시고[飮] 먹는[食] 것
- **식사** 음식을 먹는[食] 일[事]
- **주민** 일정한 땅에 사는[住] 사람들[民]
- **주소** 사람들이 사는[住] 곳[所]

콕! 콕! 단어 확인!

1. 한복   2. 양옥
3. 한옥

문화의 보물, 문화재 — 123쪽

한자, 꼬리에 꼬리를 물고

- **서문** 책의 첫머리에 머리말[序]을 간단히 적은 글[文]
- **문장** 생각이나 느낌을 표현한 글[文章]
- **강화** 세력이나 힘이 더 강하고[强] 튼튼하게 되는[化] 것
- **심화** 어떤 정도나 경지가 점점 깊어지게[深] 되는[化] 것

콕! 콕! 단어 확인!

1. 문화재   2. 무형
3. 민속자료 4. 유산

움직여 옮겨 다녀요, 이동 — 127쪽

한자, 꼬리에 꼬리를 물고

- **거대** 엄청나게 큼[巨大]
- **관대** 마음이 너그럽고[寬] 큼[大]
- **군중** 많은 사람들이[衆] 한 곳에 무리지어[群] 있음
- **관중** 운동 경기를 보기[觀] 위해 모인 많은 사람[衆]

콕! 콕! 단어 확인!

1. 이동   2. 대중
3. 해상

우리나라의 예절, 전통 의례 131쪽

한자, 꼬리에 꼬리를 물고

- **전달** 다른 곳으로 전하여[傳] 이르게[達] 함
- **전설** 예로부터 전하여[傳] 오는 이야기[說]
- **통치자** 군주나 대통령처럼 나라를 거느리고[統] 다스리는[治] 사람[者]
- **통일** 나누어진 것을 하나로[一] 합침[統]

콕! 콕! 단어 확인!

1. 전통 의례   2. 관례
3. 제례

해마다 지키는 이름난 날, 명절 135쪽

한자, 꼬리에 꼬리를 물고

- **추수** 가을[秋]에 익은 곡식을 거둬들이는[收] 일
- **입추** 24절기 중 하나로 가을이[秋] 시작되는[立] 절기
- **석양** 해가 지기 시작하는 저녁[夕] 태양[陽]
- **석간** 저녁[夕]에 발행됨[刊]

콕! 콕! 단어 확인!

1. 명절   2. 원일
3. 추석   4. 한식

물체를 이루는 본바탕, 물질 141쪽

한자, 꼬리에 꼬리를 물고

- **고정** 한번 정해져서[定] 굳어진[固] 것
- **고형** 단단하게[固] 모양[形]을 가진 물체
- **체력** 몸[體]의 힘[力]
- **체온** 몸[體]의 온도[溫]

콕! 콕! 단어 확인!

1. 물   2. 고
3. 액   4. 기

자석의 힘, 자기력 145쪽

한자, 꼬리에 꼬리를 물고

- **시장** 여러 가지 물건을 사고파는[市] 곳[場]
- **현장** 어떤 일이 일어난[現] 장소[場]
- **고체화** 액체가 굳어진[固] 물체[體]로 변화됨[化]
- **진화** 생물이 조금씩 발전해 나아가[進] 점차 우수하게 변화함[化]

콕! 콕! 단어 확인!

1. 자기력   2. 자기장
3. 자화

과학

차갑고 따뜻한 정도, 온도 149쪽

한자, 꼬리에 꼬리를 물고

- **온천** 따뜻한[溫] 물이 솟는 샘[泉]
- **온수** 따뜻한[溫] 물[水]
- **온기** 따뜻한[溫] 공기[氣]
- **냉기** 차가운[冷] 기운[氣]

콕! 콕! 단어 확인!

- 1. 온도
- 2. 기온
- 3. 해풍
- 4. 육풍

비의 양을 재는 그릇, 측우기 153쪽

한자, 꼬리에 꼬리를 물고

- **하강** 위에서 아래로[下] 내림[降]
- **승강기** 사람을 태워 올라가고[昇] 내려가는[降] 기계[機]
- **우기** 비[雨]가 많이 오는 시기[期]
- **우후죽순** 비[雨]가 내린 뒤[後]에 대나무[竹] 순[筍]이 여기저기 솟아오름. 어떤 일이 한꺼번에 많이 일어날 때 쓰는 말

콕! 콕! 단어 확인!

- 측우기, 비가 내린 양, 강수량, 큰 물 난리

대기의 모습, 기상 157쪽

한자, 꼬리에 꼬리를 물고

- **예감** 미리[豫] 느낌[感]
- **예고** 미리[豫] 알려[告] 줌
- **보고** 어떤 내용이나 결과를 말이나 글로 알려[報告] 줌
- **보도** 사건을 신문이나 방송을 통해 여러 사람에게 알려[報] 말함[道]

콕! 콕! 단어 확인!

- 1. 상
- 2. 보

비어 있는 듯 가득 찬 기체, 공기 161쪽

한자, 꼬리에 꼬리를 물고

- **진심** 거짓이 없는 참된[眞] 마음[心]
- **사진** 사물을 진짜[眞]와 똑같이 베끼어[寫] 찍어 냄
- **공책** 그림을 그리거나 글씨를 쓸 수 있도록 비어[空] 있는 책[冊]
- **공군** 하늘[空]을 지키는 군인[軍]

콕! 콕! 단어 확인!

- 1. ✕
- 2. ○

- 공기

들에서 사는 동물, 야생 동물　165쪽

한자, 꼬리에 꼬리를 물고

- **애국자**　나라[國]를 사랑하는[愛] 사람[者]
- **애견**　사랑[愛]하며 기르는 개[犬]
- **평야**　평평하게[平] 넓은 들[野]
- **야외**　마을 바깥으로[外] 조금 멀리 떨어져 있는 들[野]

콕! 콕! 단어 확인!

1. 동물　　2. 야생 동물
3. 서식지　　4. 적응

나누어 떨어져라, 분리　169쪽

한자, 꼬리에 꼬리를 물고

- **부분**　전체를 몇으로 나눈[分] 것 중의 일부[部]
- **구분**　따로따로 갈라 경계[區]를 나눔[分]
- **조류**　새[鳥]의 무리[類]
- **인류**　사람[人]의 무리[類]

콕! 콕! 단어 확인!

1. 혼합물　　2. 분류
3. 증발　　4. 가열

빛의 시작점, 광원　173쪽

한자, 꼬리에 꼬리를 물고

- **월광**　달[月] 빛[光]
- **직사광선**　정면으로 곧게[直] 내리쬐는[射] 빛[光] 줄기[線]
- **전원**　전기[電]의 근원[源]
- **천연자원**　천연[天然]으로 땅속이나 산과 바다 등에서 나는 밑바탕[源]이 되는 여러 가지 물자[資]

콕! 콕! 단어 확인!

1. 광원　　2. 백열등

촛불, 태양, 형광등

안이 잘 보여요, 투명　177쪽

한자, 꼬리에 꼬리를 물고

- **만조**　저녁에 저무는[晚] 햇빛[照]
- **일조**　햇빛[日]이 비춤[照]
- **청명**　맑고[淸] 밝음[明]
- **설명**　어떤 일을 상대편이 잘 알도록 분명하게[明] 말함[說]

콕! 콕! 단어 확인!

1. 투　　2. 불　　3. 반

유리컵, 안경, 어항

과목별 찾아보기

국어

가정	33
감상	41
감탄문	29
결과	33
경청	38
고유어	45
관용구	46
교훈	37
권유문	29
기사문	22
낭송	40
내용	17
독서 감상문	26
동음이의어	44
등장인물	14
명령문	30
문단	17
문장	28
문학	12
문학 작품	12
배경	14
보고문	22
부정	34
사실	20
설명문	21
설명서	24
세부 내용	18
속담	36
아동 문학	13
안내문	25
언행일치	38
외국어	46
외래어	45
원인	33
의견	20
의문문	29
장면	42
전기문	21
전래 동화	13
접속사	34
주제	16
중심 내용	17
평서문	28
한자어	45
해설자	41
호응	32
훈화	37

수학

각	54
각도	59
각도기	59
검산	51
계산	50
내각	60
대각선	64
도표	84
등식	80
등호	79
반경	76
변	54
부등식	80
부등호	79
분모	67
분수	66
분자	67
분침	72
비교	78
선분	62
소수	83
소수점	83
시각	70
시간	71

시계 …………… 71	관례 …………… 129	수상 가옥 …………… 94
시침 …………… 72	교류 …………… 102	양복 …………… 117
암산 …………… 51	교통수단 …………… 124	양식 …………… 118
외각 …………… 60	기념물 …………… 121	양옥 …………… 118
원 …………… 74	기호 …………… 90	어업 …………… 105
정사각형 …………… 56	기후 …………… 96	어촌 …………… 102
중심 …………… 75	나침반 …………… 89	열대 기후 …………… 97
직각 …………… 55	냉대 기후 …………… 98	온대 기후 …………… 98
직각 삼각형 …………… 55	농산물 …………… 101	운수업 …………… 106
직경 …………… 75	농업 …………… 105	원일 …………… 133
직사각형 …………… 55	농촌 …………… 101	유래 …………… 114
직선 …………… 63	단오 …………… 134	유물 …………… 112
초침 …………… 72	답사 …………… 113	유적 …………… 113
통계표 …………… 83	대중교통 …………… 125	유형 문화재 …………… 121
평면 도형 …………… 56	명절 …………… 132	육상 교통 …………… 125
필산 …………… 51	무형 문화재 …………… 121	의식주 …………… 116
혼합 계산 …………… 52	문화유산 …………… 122	이동 …………… 124
환산 …………… 52	문화재 …………… 120	인문 환경 …………… 104
	민속자료 …………… 121	임산물 …………… 101
사회	방위 …………… 89	임업 …………… 105
	방위표 …………… 89	장례 …………… 130
건조 기후 …………… 96	사방위 …………… 89	전통 의례 …………… 128
고원 …………… 92	산촌 …………… 101	제례 …………… 130
공공 기관 …………… 109	상례 …………… 130	제조업 …………… 106
공공장소 …………… 108	생산물 …………… 100	중심지 …………… 110
공중도덕 …………… 108	생활 …………… 116	지도 …………… 88

과목별 찾아보기

지명 …… 114	광원 …… 170	자기력 …… 143
지형 …… 92	기상 …… 154	자기장 …… 143
직업 …… 104	기상대 …… 155	자석의 극 …… 142
초원 …… 92	기상청 …… 155	자화 …… 144
추석 …… 133	기온 …… 147	적응 …… 164
축산물 …… 101	기체 …… 140	전등 …… 171
판매입 …… 106	기후 …… 156	조명 …… 176
평원 …… 93	대기 …… 160	증발 …… 168
하천 …… 94	동물 …… 162	진공 …… 159
한대 기후 …… 97	물질 …… 139	측우기 …… 150
한복 …… 117	물체 …… 138	태양 …… 171
한식(韓食) …… 117	반투명 …… 176	투명 …… 174
한식(寒食) …… 134	백열등 …… 172	해풍 …… 148
한옥 …… 118	분류 …… 167	형광등 …… 172
항공 교통 …… 126	분리 …… 166	혼합물 …… 166
해산물 …… 102	불투명 …… 175	홍수 …… 152
해상 교통 …… 126	서식지 …… 164	
혼례 …… 129	애완동물 …… 162	
	액체 …… 140	

과학

가열 …… 168	야생 동물 …… 163
강수량 …… 152	영상 …… 147
강우량 …… 151	영하 …… 147
고체 …… 139	온도 …… 146
공기 …… 158	우량계 …… 151
	육풍 …… 148
	일기 예보 …… 155

가

- 가열 · 168
- 가정 · 33
- 각 · 54
- 각도 · 59
- 각도기 · 59
- 감상 · 41
- 감탄문 · 29
- 강수량 · 152
- 강우량 · 151
- 강화 · 123
- 거대 · 127
- 거래 · 15
- 건물 · 115
- 건조 기후 · 96
- 검산 · 51
- 결과 · 33
- 경고 · 23
- 경청 · 38
- 계산 · 50
- 고백 · 23
- 고원 · 92
- 고유어 · 45
- 고정 · 141
- 고체 · 139
- 고체화 · 145
- 고형 · 141
- 공감 · 111
- 공공 기관 · 109
- 공공장소 · 108
- 공군 · 161
- 공기 · 158
- 공원 · 111
- 공유 · 111
- 공정 · 111
- 공중도덕 · 108
- 공책 · 161
- 과반수 · 69
- 관대 · 127
- 관례 · 129
- 관용구 · 46
- 관중 · 127
- 광원 · 170
- 교류 · 102
- 교통수단 · 124
- 교훈 · 37
- 구분 · 169
- 구호 · 81
- 군중 · 127
- 권유문 · 29
- 급랭 · 99
- 기념물 · 121
- 기사문 · 22
- 기상 · 154
- 기상대 · 155
- 기상청 · 155
- 기온 · 147
- 기체 · 140
- 기호 · 90
- 기후 · 96, 156

나

- 나침반 · 89
- 낭송 · 40
- 내각 · 60
- 내부 · 19
- 내용 · 17
- 냉기 · 149
- 냉대 기후 · 98
- 냉소 · 99
- 농민 · 103
- 농산물 · 101
- 농업 · 105
- 농작물 · 103
- 농촌 · 101

가나다 찾아보기 193

⋯⋯⋯다⋯⋯⋯

단오	134
답사	113
대각선	64
대기	160
대다수	69
대등	81
대중교통	125
도서	91
도표	84
도형	91
독서 감상문	26
독침	73
동물	162
동시	73
동음이의어	44
두각	61
등식	80
등장인물	14
등호	79

⋯⋯⋯마⋯⋯⋯

만조	177
면적	57
면접	57
명령문	30
명절	132
무선	65
무형 문화재	121
문단	17
문답	31
문안	31
문장	28, 123
문학	12
문학 작품	12
문화유산	122
문화재	120
물질	139
물체	138
미래	15
민속자료	121
민속촌	103

⋯⋯⋯바⋯⋯⋯

박물관	115
반경	76
반원	77
반투명	176
방위	89
방위표	89
배경	14
백열등	172
변	54
보고	157
보고문	22
보도	157
복제	107
부등식	80
부등호	79
부분	169
부정	34
부품	19
분류	167
분리	166
분모	67
분석	69
분수	66
분자	67
분침	72
불로초	95
불투명	175
비교	78

사

사방위	89
사실	20
사진	161
사칙 연산	53
산촌	101
상례	130
생산물	100
생활	116
서문	123
서식지	164
석간	135
석양	135
선분	62
선수촌	103
설득	43
설명	177
설명문	21
설명서	24
성선설	43
세부 내용	18
세포	19
소수	83
소수점	83
속담	36
속도	61
수상 가옥	94
수평선	57
습도	61
승강기	153
시각(時刻)	70
시각(視角)	61
시간	71
시계	71
시장	145
시침	72
식사	119
심화	123

아

아동 문학	13
안내문	25
암산	51
암호	81
애견	165
애국자	165
애완동물	162
액체	140
야생 동물	163
야외	165
약도	85
양복	117
양식	118
양옥	118
어업	105
어촌	102
언쟁	39
언행일치	38
연설	27
열대 기후	97
영상	147
영하	147
예감	157
예고	157
예보	23
예외	47
온기	149
온난화	99
온대 기후	98
온도	146
온수	149
온유	99
온천	149
왕래	47
외각	60
외교관	47

외국어 … 46	의심 … 31	전수 … 15
외래어 … 45	이동 … 124	전염 … 15
우기 … 153	인류 … 169	전원 … 173
우량계 … 151	인문 환경 … 104	전통 의례 … 128
우후죽순 … 153	일기 예보 … 155	접속사 … 34
운수업 … 106	일시 … 73	정사각형 … 56
원 … 74	일조 … 177	정직 … 77
원만 … 77	임산물 … 101	제례 … 130
원산지 … 95	임업 … 105	제조업 … 106
원인 … 33	입추 … 135	제품 … 107
원일 … 133		조류 … 169
원칙 … 95	······· 자 ·······	조명 … 176
월광 … 173		조선소 … 107
위조 … 107	자기력 … 143	조언 … 39
유래 … 114	자기장 … 143	주민 … 119
유물 … 112	자석의 극 … 142	주변 … 65
유산 … 115	자세 … 19	주소 … 119
유적 … 113	자화 … 144	주제 … 16
유형 문화재 … 121	장례 … 130	중심 … 75
육상 교통 … 125	장면 … 42	중심 내용 … 17
육풍 … 148	적응 … 35, 164	중심지 … 110
음식 … 119	전기문 … 21	증발 … 168
응원 … 35	전달 … 131	지도 … 85, 88
의견 … 20	전등 … 171	지명 … 114
의문문 … 29	전래 동화 … 13	지진 … 91
의식주 … 116	전설 … 131	지표면 … 85

지하수 · · · · · 91	축산물 · · · · · 101	· · · · · 하 · · · · ·
지형 · · · · · 92	충분 · · · · · 69	
직각 · · · · · 55	측우기 · · · · · 150	하강 · · · · · 153
직각 삼각형 · · · · · 55	침엽수 · · · · · 73	하천 · · · · · 94
직경 · · · · · 75		한대 기후 · · · · · 97
직사각형 · · · · · 55		한복 · · · · · 117
직사광선 · · · · · 173	· · · · · 타 · · · · ·	한식(韓食) · · · · · 117
직선 · · · · · 63	태양 · · · · · 171	한식(寒食) · · · · · 134
직업 · · · · · 104	통계표 · · · · · 83	한옥 · · · · · 118
직후 · · · · · 77	통일 · · · · · 131	한자어 · · · · · 45
진공 · · · · · 159	통치자 · · · · · 131	합산 · · · · · 53
진심 · · · · · 161	투명 · · · · · 174	항공 교통 · · · · · 126
진행 · · · · · 39		해결 · · · · · 43
진화 · · · · · 145		해답 · · · · · 43
	· · · · · 파 · · · · ·	해변 · · · · · 65
· · · · · 차 · · · · ·	판매업 · · · · · 106	해산물 · · · · · 102
	평등 · · · · · 81	해상 교통 · · · · · 126
천연자원 · · · · · 173	평면 도형 · · · · · 56	해설 · · · · · 27
청명 · · · · · 27, 177	평서문 · · · · · 28	해설자 · · · · · 41
체력 · · · · · 141	평야 · · · · · 57, 165	해초 · · · · · 95
체온 · · · · · 141	평원 · · · · · 93	해풍 · · · · · 148
초래 · · · · · 47	표지 · · · · · 85	행사 · · · · · 39
초원 · · · · · 92	필산 · · · · · 51	현명 · · · · · 27
초침 · · · · · 72		현장 · · · · · 145
추석 · · · · · 133		혐의 · · · · · 31
추수 · · · · · 135		형광등 · · · · · 172

가나다 찾아보기 **197**

호명 · · · · · · · · · · · · · 35
호응 · · · · · · · · · · · · · 32
호흡 · · · · · · · · · · · · · 35
혼례 · · · · · · · · · · · · · 129
혼선 · · · · · · · · · · · · · 65
혼합 계산 · · · · · · · · · 52
혼합물 · · · · · · · · · · · 166
홍보 · · · · · · · · · · · · · 23
홍수 · · · · · · · · · · · · · 152
환기 · · · · · · · · · · · · · 53
환산 · · · · · · · · · · · · · 52
환전 · · · · · · · · · · · · · 53
후유증 · · · · · · · · · · · 115
훈화 · · · · · · · · · · · · · 37

memo

자료 제공

P. 18　　　개의 생김새 ⓒ초등학교 국어 3-1
P. 112　　천마총 금관 ⓒ국립 경주 박물관
　　　　　허가 번호 (경박201202-146)
P. 112　　천마총 장니 천마도 ⓒ국립 중앙 박물관
P. 112　　천마총 관모 ⓒ국립 경주 박물관
　　　　　허가 번호 (경박201202-146)

- 위에 언급하지 않은 모든 사진, 삽화, 내용 자료들의 저작권은 저작자나 본 출판사에 있습니다.
- 저작권자를 찾지 못하여 게재 허락을 받지 못한 사진, 내용 자료에 대해서는 저작권자가 확인되는 대로 게재 허락을 받고 통상의 기준에 따라 사용료를 지급하도록 하겠습니다.

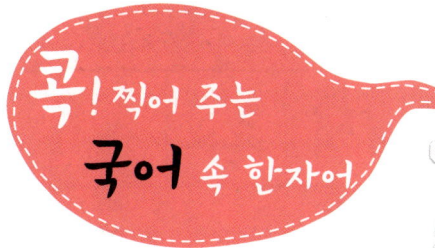

● 예부터 전해 오는 동화, **전래 동화** 본책 12쪽~15쪽

| 문학
文 學
글 문 배울 학 | 文學
속뜻: |

| 문학 작품
文 學 作 品
글 문 배울 학 지을 작 물건 품 | 文學作品
속뜻: |

| 아동 문학
兒 童 文 學
아이 아 아이 동 글 문 배울 학 | 兒童文學
속뜻: |

| 전래 동화
傳 來 童 話
전할 전 올 래 아이 동 이야기 화 | 傳來童話
속뜻: |

| 등장인물
登 場 人 物
오를 등 마당 장 사람 인 만물 물 | 登場人物
속뜻: |

| 배경
背 景
뒤 배 경치 경 | 背景
속뜻: |

● 중심이 되는 문제, **주제** 본책 16쪽~19쪽

| 주제
主 題
주인 주 문제 제 | 主題
속뜻: |

| 문단
文 段
글 문 구분 단 | 文段
속뜻: |

내용 内容 안 내 담을 용	内 容 속뜻:
중심 내용 中心内容 가운데 중 마음 심 안 내 담을 용	中 心 内 容 속뜻:
세부 내용 細部内容 자세할 세 부분 부 안 내 담을 용	細 部 内 容 속뜻:

● 실제로 있었던 일, **사실** 〈본책 20쪽~23쪽〉

사실 事實 일 사 진실 실	事 實 속뜻:
의견 意見 뜻 의 생각 견	意 見 속뜻:
설명문 說明文 말 설 밝을 명 글 문	說 明 文 속뜻:
전기문 傳記文 전할 전 기록할 기 글 문	傳 記 文 속뜻:
보고문 報告文 알릴 보 알릴 고 글 문	報 告 文 속뜻:
기사문 記事文 기록할 기 일 사 글 문	記 事 文 속뜻:

● 방법을 밝혀 말하는 책, **설명서** 본책 24쪽~27쪽

설명서
說明書
말 설 밝을 명 책 서

說 明 書
속뜻:

안내문
案內文
인도할 안 내용 내 글 문

案 內 文
속뜻:

독서 감상문
讀書感想文
읽을 독 책 서 느낄 감 생각할 상 글 문

讀 書 感 想 文
속뜻:

● 담담하게 풀어쓴 문장, **평서문** 본책 28쪽~31쪽

문장
文章
글 문 글 장

文 章
속뜻:

평서문
平敍文
평평할 평 펼 서 글 문

平 敍 文
속뜻:

의문문
疑問文
의심할 의 물을 문 글 문

疑 問 文
속뜻:

감탄문
感歎文
느낄 감 탄식할 탄 글 문

感 歎 文
속뜻:

권유문
勸誘文
권할 권 꾈 유 글 문

勸 誘 文
속뜻:

명령문
命令文
명령할 명 하여금 령 글 문

命 令 文
속뜻:

● 어울려 쓰는 말, **호응** 본책 32쪽~35쪽

호응 呼應 부를 호 응할 응	呼應 속뜻:
원인 原因 근원 원 까닭 인	原因 속뜻:
결과 結果 맺을 결 열매 과	結果 속뜻:
가정 假定 거짓 가 정할 정	假定 속뜻:
부정 否定 아닐 부 정할 정	否定 속뜻:
접속사 接續詞 이을 접 이을 속 말 사	接續詞 속뜻:

● 평범한 사람들의 말, **속담** 본책 36쪽~39쪽

속담 俗談 풍속 속 말 담	俗談 속뜻:
교훈 敎訓 가르칠 교 가르칠 훈	敎訓 속뜻:
훈화 訓話 가르칠 훈 말 화	訓話 속뜻:

경청
傾聽
기울 경 들을 청

속뜻:

언행일치
言行一致
말 언 행할 행 하나 일 이를 치

속뜻:

● 맑은 목소리로 읊어요, **낭송** 본책 40쪽~43쪽

낭송
朗誦
맑을 랑 욀 송

속뜻:

감상
鑑賞
살펴볼 감 즐길 상

속뜻:

해설자
解說者
풀 해 말 설 사람 자

속뜻:

장면
場面
장소 장 모습 면

속뜻:

● 같은 소리 다른 뜻, **동음이의어** 본책 44쪽~47쪽

동음이의어
同音異義語
같을 동 소리 음 다를 이 뜻 의 말 어

속뜻:

한자어
漢字語
한나라 한 글자 자 말 어

속뜻:

외래어
外來語
바깥 외 올 래 말 어

속뜻:

고유어 固有語 본디 고 있을 유 말 어	固有語 속뜻:
외국어 外國語 바깥 외 나라 국 말 어	外國語 속뜻:
관용구 慣用句 습관 관 쓸 용 글귀 구	慣用句 속뜻:

콕! 찍어 주는 **수학** 속 한자어

● 헤아려 셈하지요, **계산** 본책 50쪽~53쪽

계산 計算 셀 계 셈할 산	計算 속뜻:
필산 筆算 붓 필 셈할 산	筆算 속뜻:
암산 暗算 몰래 암 셈할 산	暗算 속뜻:
검산 檢算 검사할 검 셈할 산	檢算 속뜻:

● 각의 벌어진 정도, **각도** 본책 58쪽~61쪽

각도 角度 각 각 정도 도	角 度 속뜻:
각도기 角度器 각 각 정도 도 도구 기	角 度 器 속뜻:
내각 内角 안 내 각 각	内 角 속뜻:
외각 外角 바깥 외 각 각	外 角 속뜻:

● 선의 한 부분, **선분** 본책 62쪽~65쪽

선분 線分 줄 선 부분 분	線 分 속뜻:
직선 直線 곧을 직 줄 선	直 線 속뜻:
대각선 對角線 마주할 대 각 각 줄 선	對 角 線 속뜻:

● 수를 나누자, **분수** 본책 66쪽~69쪽

분수 分數 나눌 분 숫자 수	分 數 속뜻:
분자 分子 나눌 분 아들 자	分 子 속뜻:

| 분모
分 母
나눌 분 어머니 모 | 分 母
속뜻: |

● 시각과 시각 사이, **시간** 본책 70쪽~73쪽

| 시각
時 刻
때 시 때 각 | 時 刻
속뜻: |

| 시간
時 間
때 시 사이 간 | 時 間
속뜻: |

| 시계
時 計
때 시 셀 계 | 時 計
속뜻: |

| 시침
時 針
때 시 바늘 침 | 時 針
속뜻: |

| 분침
分 針
나눌 분 바늘 침 | 分 針
속뜻: |

| 초침
秒 針
초 초 바늘 침 | 秒 針
속뜻: |

● 둥글게 둥글게, **원** 본책 74쪽~77쪽

| 원
圓
둥글 원 | 圓
속뜻: |

| 중심
中 心
가운데 중 마음 심 | 中 心
속뜻: |

● 견주어 살펴보는 것, **비교** 본책 78쪽~81쪽

● 1보다 작은 수, **소수** 본책 82쪽~85쪽

| 통계표 統計表 큰줄기 통 셀 계 표 표 | 統計表 속뜻: |

| 도표 圖表 그림 도 표 표 | 圖表 속뜻: |

● 땅을 그린 그림, **지도** 본책 88쪽~91쪽

| 지도 地圖 땅 지 그림 도 | 地圖 속뜻: |

| 방위 方位 방향 방 자리 위 | 方位 속뜻: |

| 사방위 四方位 넷 사 방향 방 자리 위 | 四方位 속뜻: |

| 방위표 方位表 방향 방 자리 위 표 표 | 方位表 속뜻: |

| 나침반 羅針盤 돌 라 바늘 침 받침 반 | 羅針盤 속뜻: |

| 기호
記號
기록할 기 · 부호 호 | 記號
속뜻: |

● 다양한 **지형**, 다양한 생활 모습 본책 92쪽~95쪽

| 지형
地形
땅 지 · 모양 형 | 地形
속뜻: |

| 고원
高原
높을 고 · 들판 원 | 高原
속뜻: |

| 초원
草原
풀 초 · 들판 원 | 草原
속뜻: |

| 평원
平原
평평할 평 · 들판 원 | 平原
속뜻: |

| 하천
河川
강 하 · 시내 천 | 河川
속뜻: |

| 수상 가옥
水上家屋
물 수 · 위 상 · 집 가 · 집 옥 | 水上家屋
속뜻: |

● 다양한 **기후**, 다양한 생활 모습 본책 96쪽~99쪽

| 기후
氣候
대기 기 · 날씨 후 | 氣候
속뜻: |

| 건조 기후
乾燥氣候
마를 건 · 마를 조 · 대기 기 · 날씨 후 | 乾燥氣候
속뜻: |

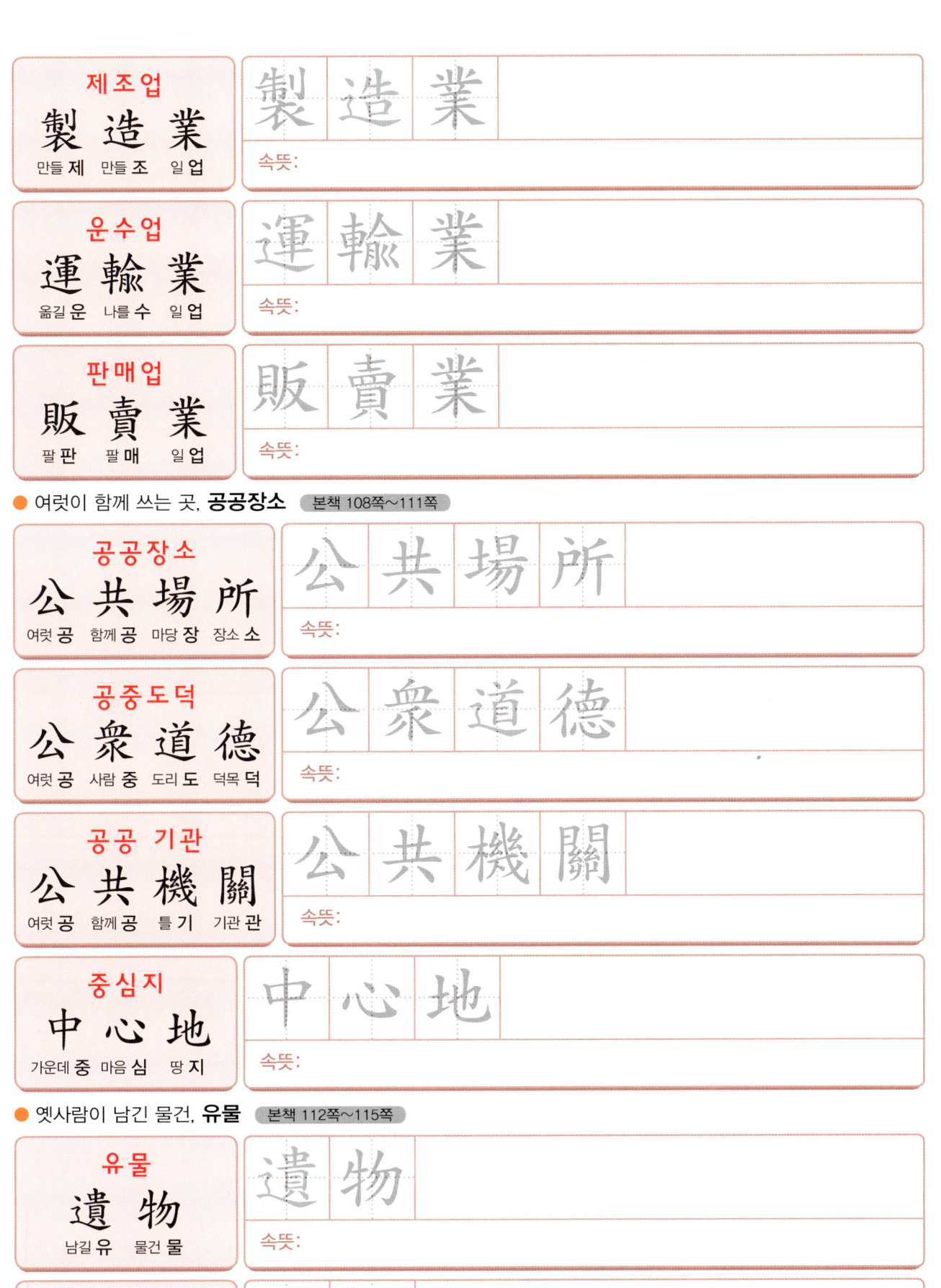

● 입고 먹고 자요, **의식주** 본책 116쪽~119쪽

한옥 韓屋	나라 이름 한 · 집 옥

韓屋
속뜻:

양옥 洋屋	서양 양 · 집 옥

洋屋
속뜻:

● 문화의 보물, **문화재** 본책 120쪽~123쪽

문화재 文化財	글 문 · 될 화 · 보물 재

文化財
속뜻:

유형 문화재 有形文化財	있을 유 · 모양 형 · 글 문 · 될 화 · 보물 재

有形文化財
속뜻:

무형 문화재 無形文化財	없을 무 · 모양 형 · 글 문 · 될 화 · 보물 재

無形文化財
속뜻:

기념물 紀念物	중요할 기 · 생각할 념 · 물건 물

紀念物
속뜻:

민속자료 民俗資料	백성 민 · 풍속 속 · 바탕 자 · 재료 료

民俗資料
속뜻:

문화유산 文化遺産	글 문 · 될 화 · 남길 유 · 재산 산

文化遺産
속뜻:

● 움직여 옮겨 다녀요, **이동** 본책 124쪽~127쪽

이동 移動	옮길 이 · 움직일 동

移動
속뜻:

● 우리나라의 예절, **전통 의례** 본책 128쪽~131쪽

● 물체를 이루는 본바탕, **물질** 본책 138쪽~141쪽

물체
物體
물건 물 몸 체

物體
속뜻:

물질
物質
물건 물 바탕 질

物質
속뜻:

고체
固體
굳을 고 몸 체

固體
속뜻:

액체
液體
즙 액 몸 체

液體
속뜻:

기체
氣體
공기 기 몸 체

氣體
속뜻:

● 자석의 힘, **자기력** 본책 142쪽~145쪽

자석의 극
磁石極
자석 자 돌 석 끝 극

磁石極
속뜻:

자기력
磁氣力
자석 자 기운 기 힘 력

磁氣力
속뜻:

자기장
磁氣場
자석 자 기운 기 마당 장

磁氣場
속뜻:

자화
磁化
자석 자 될 화

磁化
속뜻:

● 차갑고 따뜻한 정도, **온도**   본책 146쪽~149쪽

온도 溫 度 따뜻할 온 정도 도	溫 度 속뜻:
기온 氣 溫 공기 기 온도 온	氣 溫 속뜻:
영상 零 上 영 령 위 상	零 上 속뜻:
영하 零 下 영 령 아래 하	零 下 속뜻:
해풍 海 風 바다 해 바람 풍	海 風 속뜻:
육풍 陸 風 육지 륙 바람 풍	陸 風 속뜻:

● 비의 양을 재는 그릇, **측우기**   본책 150쪽~153쪽

측우기 測 雨 器 잴 측 비 우 그릇 기	測 雨 器 속뜻:
강우량 降 雨 量 내릴 강 비 우 양 량	降 雨 量 속뜻:
우량계 雨 量 計 비 우 양 량 셀 계	雨 量 計 속뜻:
강수량 降 水 量 내릴 강 물 수 양 량	降 水 量 속뜻:

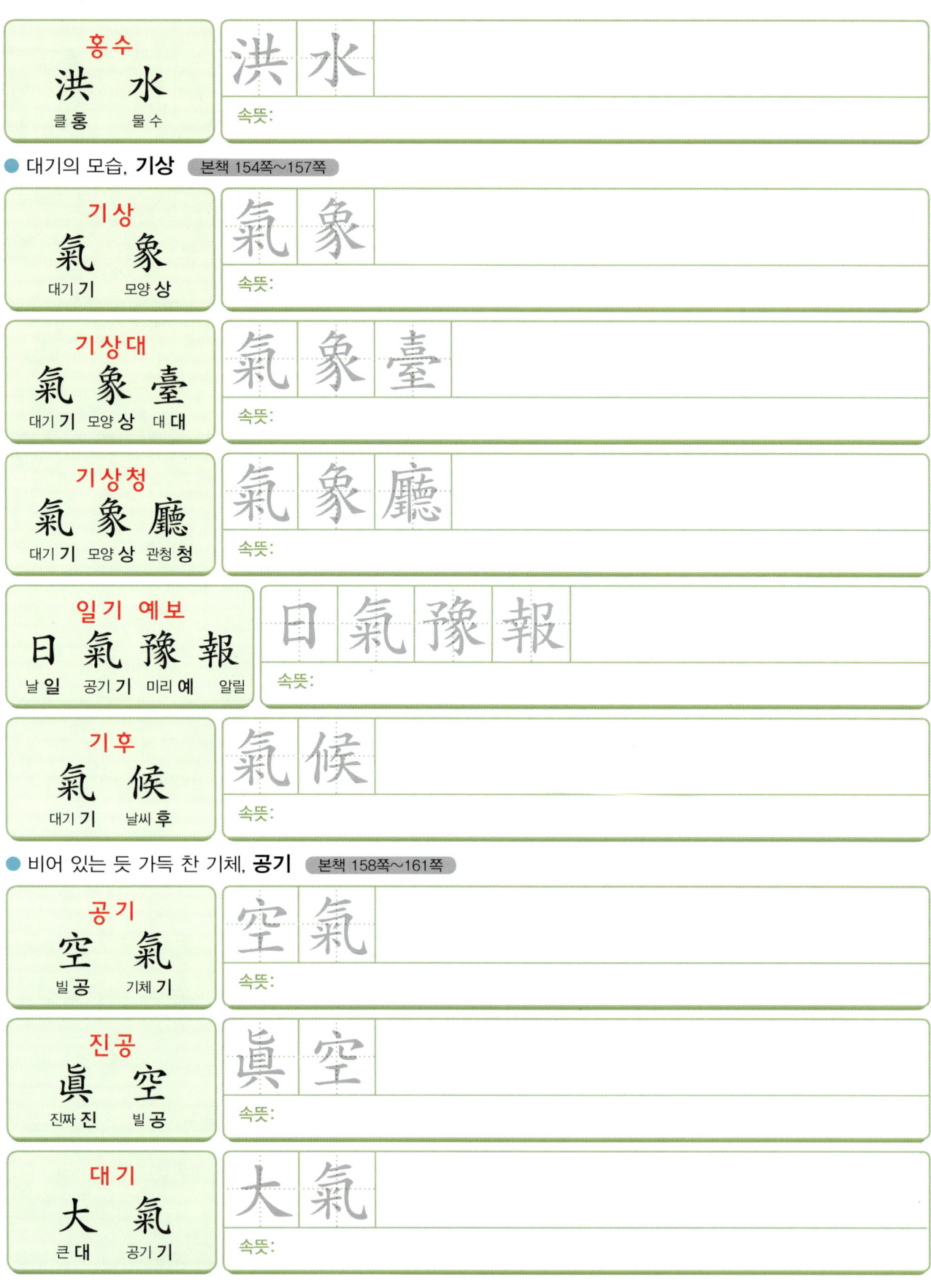

● 들에서 사는 동물, **야생 동물** 본책 162쪽~165쪽

| 동물
動 物
움직일 동 생물 물 | 動 物
속뜻: |

| 애완동물
愛 玩 動 物
사랑할 애 즐길 완 움직일 동 생물 물 | 愛 玩 動 物
속뜻: |

| 야생 동물
野 生 動 物
들 야 살 생 움직일 동 생물 물 | 野 生 動 物
속뜻: |

| 서식지
棲 息 地
살 서 살 식 땅 지 | 棲 息 地
속뜻: |

| 적응
適 應
맞을 적 응할 응 | 適 應
속뜻: |

● 나누어 떨어져라, **분리** 본책 166쪽~169쪽

| 혼합물
混 合 物
섞을 혼 합할 합 물질 물 | 混 合 物
속뜻: |

| 분리
分 離
나눌 분 떼놓을 리 | 分 離
속뜻: |

| 분류
分 類
나눌 분 종류 류 | 分 類
속뜻: |

| 증발
蒸 發
기체 증 일어날 발 | 蒸 發
속뜻: |

| 가열
加 熱
더할 가 열 열 | 加 熱
속뜻: |

● 빛의 시작점, **광원** [본책 170쪽~173쪽]

광원
光 源
빛 광 시작 원

光 源
속뜻:

태양
太 陽
클 태 볕 양

太 陽
속뜻:

전등
電 燈
전기 전 등 등

電 燈
속뜻:

백열등
白 熱 燈
흰 백 더울 열 등 등

白 熱 燈
속뜻:

형광등
螢 光 燈
반딧불이 형 빛 광 등 등

螢 光 燈
속뜻:

● 안이 잘 보여요, **투명** [본책 174쪽~177쪽]

투명
透 明
통과할 투 밝을 명

透 明
속뜻:

불투명
不 透 明
아니 불 통과할 투 밝을 명

不 透 明
속뜻:

반투명
半 透 明
절반 반 통과할 통 밝을 명

半 透 明
속뜻:

조명
照 明
비출 조 밝을 명

照 明
속뜻:

한자 익힘책 알차게 활용하기

하나 한자를 한 획 한 획 정성 들여 따라 써요.
둘 익힌 한자를 스스로 자유롭게 연습해 봐요.

지도
地 圖
땅 지 그림 도

地圖 地圖 地圖 地圖

속뜻: 땅의 모습을 자세히 그린 그림

셋 속뜻을 휘리릭 찾아 또박또박 적으면 한자어 공부도 끝!

한자 또박또박 바르게 쓰기

한자 쓰는 순서를 '필순'이라고 해요. 필순의 몇 가지 원칙만 알아두면 한자를 빠르고 편리하게 쓸 수 있답니다.

왼쪽에서 오른쪽으로 쓴다.	川	ﾉ ﾉl 川
위에서 아래로 쓴다.	三	一 二 三
가로획과 세로획이 교차할 때에는 가로획을 먼저 쓴다.	十	一 十
삐침과 파임이 만날 때에는 삐침을 먼저 쓴다.	入	ﾉ 入
좌우의 모양이 같을 때에는 가운데를 먼저 쓴다.	小	亅 小 小
안쪽과 바깥쪽이 있을 때에 바깥쪽을 먼저 쓴다.	同	丨 冂 冋 同 同 同
꿰뚫는 획은 나중에 쓴다.	中	丶 口 口 中
오른쪽 위의 점은 나중에 찍는다.	犬	一 ナ 大 犬
받침은 나중에 쓴다.	近	ﾉ ﾁ ﾄ 斤 斤 沂 近